Thomas Lang

Kinder brauchen Abenteuer

Zweite, ergänzte Auflage

Ernst Reinhardt Verlag München Basel

Thomas Lang, Diplom-Sozialpädagoge (BA), Vorsitzender des Bundesverbandes der Jugendfarmen und Aktivspielplätze, nebenamtlicher Dozent der Berufsakademie Stuttgart, Bereich Sozialwesen, hauptamtlich im Leitungsteam einer Jugendfarm in Stuttgart.

Die Deutsche Bibliothek – CIP-Einheitsaufnahme

Lang, Thomas:
Kinder brauchen Abenteuer / Thomas Lang. – 2., erg. Aufl. –
München ; Basel : E. Reinhardt, 1995
(Kinder sind Kinder ; 13)
ISBN 3-497-01369-2
NE: GT

ISSN 0720-8707

ISBN 3-497-01369-2

Printed in Germany

Inhalt

Einleitung

Brauchen Kinder Abenteuer? Spätestens wenn Kinder und Jugendliche zu extrem gefährlichen „Abenteuern“ übergehen, wenn S-Bahn-Surfen in den Großstädten oder jugendliches Randalieren wieder in unseren Zeitungen gemeldet wird, spätestens dann sollten wir uns fragen, warum dies so passiert.

Gewiß, auch frühere Generationen von Kindern und Jugendlichen hatten ihre Abenteuer, ihre spannungsreichen und wagemutigen Erlebnisse. Aber wie und wo sind diese heute noch möglich? Können wir – sozusagen schon im Vorfeld und in ungefährlichen Situationen – den Kindern Abenteuer anbieten, die nicht zerstörerisch und selbstgefährdend sind?

Um diese Fragen soll es in diesem Buch gehen. Im Mittelpunkt steht die sogenannte mittlere Kindheit, der Abschnitt kindlicher Entwicklung also, der mit dem Schulalter beginnt und bis in die Pubertät hineinreicht. Es ist die Zeit, in der sich Kinder ihren Lebensraum erobern, nach draußen drängen auf der Suche nach Erlebnissen, Erfahrungen und Abenteuern. Welchen Bedingungen und Einflüssen sie dabei ausgesetzt sind, wie sich ihre Bedürfnisse zeigen und woher sie rühren, aber auch welchen zum Teil subtilen Behinderungen sie sich stellen müssen, wird hier aufgezeigt.

Auf diesem Hintergrund werden im letzten Teil Anstöße gegeben, wie Eltern und Pädagogen dazu beitragen können, Kindern auf der Suche nach den für ihre Entwicklung so fundamental wichtigen Erfahrungen und Abenteuern zu helfen.

Dabei ist es durchaus bedeutsam, sich zu vergegenwärtigen, daß die Anerkennung der Kindheit als eigenwertige Phase noch gar nicht so alt ist und letztlich eine Folge oder ein Produkt der gesellschaftlichen Entwicklungen der letzten 400 Jahre darstellt. Im ersten Teil werden wir uns daher diese geschichtliche Perspektive vor Augen halten, bis hin zu den wesentlichen Faktoren, die den Kinderalltag heute bestimmen. Denn er wird bei weitem nicht nur durch eine sich verändernde Familienstruktur und Schulwelt geprägt, sondern auch durch Faktoren des Städtebaus und der Wohnungspolitik, der Verplanung von Kindheit und nicht zuletzt durch die Medien und den Konsum.

Erst angesichts dieses größeren Rahmens, in dem Kindheit sich heute vollzieht, wird der Stellenwert unmittelbarer Erfahrungen und des intensiven Sich-selbst-Erlebens der Kinder deutlich.

Kindheit heute

Eine kleine Geschichte der Kindheit

Es ist noch gar nicht so lange her, daß sich Soziologen, Sozialwissenschaftler und Pädagogen der Frage angenommen haben, was Kindheit eigentlich ist, seit wann es sie gibt und durch welche historischen Abläufe sie geprägt wurde. Vielleicht hat man sich dieses Themas in jüngerer Zeit auch deshalb gewidmet, weil es nach Meinung einiger bedeutender Experten mit der Kindheit – verstanden als den Lebensabschnitt, in dem durch die schrittweise und behutsame Aneignung von Erfahrungen und Wissen sich eine Reifung zum Erwachsenen vollziehen soll – nicht zum Besten bestellt ist. „Das Verschwinden der Kindheit" hat Neil Postman sein Buch tituliert, in dem er auf sehr eindrückliche Weise die These vom Niedergang der Kindheit untermauert (dt. 1987). Postman ist hier nur stellvertretend für eine ganze Reihe von Autoren und Autorinnen genannt, die sich, wenn auch zum Teil mit unterschiedlichen Gewichtungen, mit diesem Thema beschäftigt haben.

So erscheint es heute kaum noch möglich, etwas zum Thema Kind und Erziehung zu sagen, ohne daß nicht auch von der Bedrohung der Kindheit die Rede ist. Auch wenn man nicht zum Schluß kommt, daß es mit der Kindheit als menschlichem und gesellschaftsrelevantem Abschnitt des neuzeitlichen Individuums zu Ende geht, haben sich die Bedingungen, in denen Kindheit sich vollzieht, tiefgreifend verändert.

Da wir aber als Eltern oder Erzieher zunächst immer geneigt sind, die eigenen Erfahrungen, die wir in bestimmten Lebensabschnitten oder Lebenssituationen gemacht haben – oft genug völlig unbewußt –, zum Maßstab unseres erzieherischen Verhaltens zu machen, lohnt sich der Blick auf diese veränderten Bedingungen auf jeden Fall, ja er erscheint sogar unabdingbar.

Bis zum Beginn der Neuzeit hat es, zumindest im europäischen Raum, so etwas wie Kindheit gar nicht gegeben. Nichts von dem, was uns an Bildern, Geschriebenem oder anderswie Überliefertem zugänglich ist, deutet darauf hin, daß es diesen Schonraum zwischen kleinem Kind und Erwachsensein, so wie wir ihn heute kennen, gegeben hat. Nicht nur, daß es weder Spielzeug, spezielle Kinderkleidung, Märchen, daß es keine besonderen Alltagsgegenstände oder Räumlichkeiten für Kinder gab, auch Schulen oder andere „Erziehungseinrichtungen" im heutigen Sinne existierten nicht.

Es darf deshalb angenommen werden, daß es auch gar keine spezifische Vorstellung von Kindheit oder Kindererziehung gegeben hat. Was hätte auch deren Inhalt sein sollen? Vielmehr scheint sich die Vorstellung von kindlicher Entwicklung auf rein biologische Vorgänge und das Erlernen der Sprache reduziert zu haben. Auch das Lernen von sozialen Umgangsformen war wohl von relativ untergeordneter Bedeutung.

Nach all dem zu schließen, was wir über den Alltag und das Leben von Kindern im Mittelalter wissen, hat es keine Trennung zwischen Erwachsenen- und Kinderwelt gegeben. Kinder haben demnach an allen Vorgängen und Ereignissen des Erwachsenenlebens teilgenommen, so auch an solchen, die mit der Arbeitswelt, mit Sexualität, mit Tragik und Tod verbunden waren.

Die Kindheit im Mittelalter endete somit etwa mit dem siebten Lebensjahr, nämlich in dem Alter, in dem im allgemeinen der Erwerb der Grundstrukturen der Sprache weitgehend abgeschlossen ist. Lesen und Schreiben zu lernen, war nur einem äußerst geringen Teil der Menschen vorbehalten, weshalb die gesprochene Sprache das Hauptkommunikations- und Interaktionsmittel des Alltags darstellte. Und selbst dort, wo die Fähigkeit zum Lesen vorhanden war, war diese zunächst kaum geeignet, um sich Informationen über Lebensbezüge, Lebensformen und Hintergründe zu beschaffen. Denn nahezu alles, was in dieser Zeit niedergeschrieben wurde, bediente sich entweder einer anderen Sprache (z. B. Latein) oder einer „künstlichen" Sprache, die man, ohne seine Begriffe und Zeichen gelernt zu haben, kaum verstehen konnte, weil sie sich deutlich von der Alltagssprache unterschied.

Es sollte somit erst späteren Kindergenerationen vorbehalten bleiben, sich den Mühen des Schreiben- und Lesenlernens zu unterziehen. Mit der Verbreitung des Geschriebenen, die erst durch die Erfindung des Buchdrucks in unvergleichlichem Maße möglich wurde, eröffnete sich die Möglichkeit, bestimmtes Wissen schriftlich zu „codieren“ und nur noch denjenigen zugänglich zu machen, die diesen „Code“ entziffern konnten. Damit ist die Trennung der Gesellschaft in diejenigen, die lesen können, und die, die es nicht können, vollzogen. Erwachsensein erhält nun das wesentliche Merkmal des Lesen-Könnens, Kindheit dasjenige des Nicht-lesen-Könnens.

Nicht wenige Historiker sehen daher in Gutenbergs Erfindung den eigentlichen Auftakt und Motor der Neuzeit. Seine Erfindung war Grundvoraussetzung und Initiator für die historischen Prozesse der Reformation, der Aufklärung, der Verbreitung des Schulwesens und somit der Entwicklung eines Individualismus, der für das ausgehende zwanzigste Jahrhundert so charakteristisch ist, wie kaum ein anderer Wesenszug der moderner Gesellschaft.

Die Reformation und deutlicher noch die Aufklärung setzen bei den Menschen relative Unwissenheit und prinzipielle Bildungsfähigkeit voraus und wollen Erziehung und Bildung. Damit verbunden ist die anthropologische Vorstellung, daß jeder Mensch eine eigene Individualität besitzt, die es zu entwickeln und zu fördern gilt.

Um erwachsen zu werden, bedarf es nun des Lesen-Lernens, um lesen zu lernen, braucht es Erziehung. Auf diesem Hintergrund entstanden Schulen in ihrer heutigen Form, verbunden mit der Schulpflicht für alle Kinder. Sie nehmen die Aufgabe einer kontrollierten Wissensvermittlung durch Lehren und Lernen wahr und verlangen von ihren Schülern damit Konzentration, Selbstbeherrschung, Steuerung und Zügelung individueller Bedürfnisse und Triebe.

Einzelne Lebensbereiche wie Tod, Sexualität oder Geldangelegenheiten werden nun von den meisten Kindern ferngehalten und als Vorrat an Geheimnissen erst im Laufe des Älterwerdens enthüllt. Wenn der junge Mensch von ihnen allen Kenntnis hat, gilt er eigentlich nicht mehr als Kind, sondern als Erwachsener.

Mit der sich auf diese Art entwickelnden Trennung von Erwachsenenwelt und Kinderwelt gewinnt nicht nur die Schule an Bedeutung, sondern auch die Eltern sind nun in einer ganz neuen Form in eine Erziehungsverantwortung eingebunden, die sie weit mehr fordert und sich viel umfangreicher gestaltet, als es die Rolle früherer Eltern getan hat.

Die Entstehung von Kindheit als geschützter Abschnitt am Anfang unseres Lebens und als gesellschaftliches Phänomen ist jedoch nicht im Zeitraum eines Jahrhunderts vonstatten gegangen, sondern vollzog sich über mehrere Jahrhunderte hinweg bis mitten ins zwanzigste Jahrhundert hinein. Erst in der Zeit zwischen 1850 und 1950 erreicht diese Entwicklung in unseren Breitengraden ihren Kulminationspunkt durch die Einführung der allgemeinen Schulpflicht und der damit verbundenen flächendeckenden Schulversorgung, durch die Entstehung des Bürgertums und durch die industrielle Revolution, dem gesetzlichen Schutz von Kindern vor Kinderarbeit oder ihrem Schutz vor gesetzlicher Strafe (Strafunmündigkeit). Aber auch durch die Entstehung einer Kinderliteratur, funktionaler Kleidung und Einrichtungsgegenstände, der verstärkten Entwicklung von Spielen und Spielzeug für Kinder und der Entstehung bestimmter Erziehungsinstitutionen (wie z. B. Kindergärten) ist dieser Höhepunkt erst erreicht.

Bedeutende Impulse erhielt diese Entwicklung auch durch die Entstehung der modernen Sozialwissenschaften und ihrer großen Pädagogen wie Pestalozzi, Fröbel, Wiechern, Steiner, Montessori oder Bettelheim, um nur einige von ihnen zu nennen.

Mit dem Aufschwung der Kindheit, wie er sich zwischen 1850 und 1950 vollzogen hat, verändert sich die Gesellschaft auch in ihren Kommunikationsformen nachhaltig. Ein erster bedeutender Schritt in Richtung dieser Veränderung war die Erfindung und Verbreitung einer elektronischen Informationsübermittlung, wie sie durch Morser, Telegraf, Telefon und später durch Funk- und Radioapparate ermöglicht wurde. Durch diese Mitteilungsformen werden zum ersten Mal in der Geschichte der Menschheit Zeit und Raum als maßgebliche Faktoren der Informationsübermittlung zu vernachlässigbaren Größen. Die Information als solche verliert ihren persönlichen und regional gebundenen Charakter, sie kann an alle und überall hin gerichtet werden. Information wird zum „Massenartikel“. Sie wird wichtiger als ihre Quelle und bringt eine neue Definition von Bildung und Intelligenz hervor, bei der die Menge an Informationen wichtiger wird als ihr Gebrauch.

Aber erst durch die Erfindung der Bildübermittlung und den Einzug des Fernsehapparates in die allermeisten Wohnzimmer vollzieht sich die totale Revolution menschlichen Kommunizierens. Die Koppelung von elektronischer Bild- und Sprachübermittlung, wie sie das Fernsehen vereint, schafft zunächst einmal alle technischen Möglichkeiten, das Lebens- und Erfahrungsumfeld von Kindern ähnlich dem zu gestalten, das für die Kinder im Mittelalter normal war.

Um sich des Fernsehens zu bedienen, bedarf es keiner besonderen Fähigkeiten, wie etwa beim Lesen eines Buches, bei dem erst mühevoll die Fähigkeit des Lesens sich anzueignen ist. Alles, was das Fernsehen ausstrahlt, ist praktisch für alle zugänglich, also auch die Darstellung von Gewalt, Tod, Sex etc. Anders als beim Lesen verlangt das Fernsehen von seinen Adressaten, Bild und Sprache in Sekundenschnelle in sich aufzunehmen, weil das Tempo in der Regel vom Apparat bestimmt wird und nicht vom Individuum: Zugreifen ist also gefragt, nicht Begreifen.

Auch ist das Fernsehen in erster Linie ein visuelles Medium, das immer ganz konkrete Darstellung von Erfahrungen vermittelt und nicht wie die Sprache sich einer Abstraktion aus Erfahrung bedient. Es leuchtet daher ein, daß Sprache eher die Fähigkeit des Denkens, des Analysierens, der Phantasie und des Vorstellungsvermögens ausbildet, wohingegen das Bild weder eine Behauptung aufstellt, die es zu überprüfen gilt, noch einer Logik und Plausibilität folgen muß.

Während für Postman die sich verändernde Kommunikationsstruktur eine entscheidende Rolle bei der Entwicklung – aber auch der heutigen Bedrohung – der Kindheit spielt, beurteilt Philippe Ariès die jüngere Geschichte ganz anders. Insbesondere in den letzten Jahrzehnten sind seiner Ansicht nach Kinder immer stärker in pädagogische Ghettos abgedrängt worden, wodurch ihre soziale Abschließung, ihre Unfreiheit und die Repression, die sie erfahren, immer größer geworden ist.

Auch wenn Ariès die Familie früher vorwiegend als eine Produktionsgemeinschaft sieht, ohne emotionale Qualität und ohne daß das Kind als zu schützendes und zu entwickelndes einzigartiges Individuum betrachtet wurde, so bewertet er doch die damaligen Bedingungen für Kinder im Vergleich zu heute eher als besser.

Eine genau gegenteilige Position bezieht der gerne als amerikanischer Anti-Ariès bezeichnete Lloyd de Mause, indem er sagt: „Die Geschichte der Kindheit ist ein Alptraum, aus dem wir gerade erst erwachen. Je weiter wir in der Geschichte zurückgehen, desto unzureichender wird die Pflege der Kinder, die Fürsorge für sie und desto größer die Wahrscheinlichkeit, daß Kinder getötet, ausgesetzt, geschlagen, gequält und sexuell mißbraucht werden." (1977, 12)

De Mause kategorisiert die Geschichte der Kindheit von der Antike bis heute als eine Entwicklung, die vom Kindesmord über die Weggabe von Kindern zu einem Ambivalenzverhalten der Eltern zu ihren Kindern, deren Intrusion, der Sozialisation von Kindern bis hin zur Unerstützung der Kinder reicht, wie sie sich heute mehr und mehr verbreitet. Fest steht für ihn, daß wir uns erst in dieser letzten Phase der Unterstützung befinden, bei der es darum geht, die Erziehung abzuschaffen und durch eine gleichberechtigte Beziehung zwischen Eltern und Kindern zu ersetzen. Antrieb der gesamten Entwicklung ist die Evolution der Eltern-Kind-Beziehung, die sich, so de Mause, weitgehend unabhängig von anderen historischen Bedingungen entwickelt hat.

Kinderalltag zwischen Schule, Konsum und Medien

Trotzdem sich die Anzahl der Pflichtschuljahre in den letzten Jahrzehnten nur unwesentlich verändert hat und auch die Wochenstundenzahlen der einzelnen Klassenstufen nicht übermäßig erhöht wurden, scheint der Druck auf die Schüler nicht unerheblich gewachsen zu sein.

Wer kennt sie nicht, die Lehrer, die häufig beklagen, daß sie der Lehrplan immer stärker einengt und ihnen praktisch keinen Raum mehr läßt, auf einzelne Kinder einzugehen, um ihnen damit Zeit zu geben, Inhalte wirklich in sich aufzunehmen und verarbeiten zu können? Für die Schüler heißt auch hier das Motto „Zugreifen", nicht so sehr „Begreifen".

In der Tat sind die Lehrpläne voller geworden, wohingegen die Zeit, den Stoff auch wirklich verarbeiten zu können, kürzer geworden ist. Immer mehr unterrichtsfreie Zeit ist durch die Schule in Beschlag genommen. Das Klima unter den Schülern ist zunehmend von Konkurrenzdenken geprägt.

Eine Studie über den Zeitaufwand von Kindern und Jugendlichen für die Schule wurde 1994 im Auftrag des Ministeriums für Kultus und Sport Baden-Württemberg vom Landesinstitut für Erziehung und Unterricht B.-W. veröffentlicht. Sie bestätigt auf eindrucksvolle Weise, daß das Leben als Schüler zumindest ab der 6. Klasse einer Vollzeittätigkeit gleichkommt. Durchschnittlich sind die Kinder und Jugendlichen zwischen 24 (Erstklässler) und 46 (Erstklässler Gymnasium) Stunden mit der Schule beschäftigt – Zeitstunden, nicht Schulstunden wohlgemerkt. Eingerechnet sind dabei neben der Unterrichtszeit auch Zeiten für Hausarbeiten sowie Wege-, Warte- und Pausenzeiten. Die Untersuchung basiert auf zwei Repräsentativumfragen von 66 655 (!) Schülerinnen und Schülern an 326 Schulen aller Schularten, außer Sonder- und Berufsschulen.

Nicht zuletzt könnte für die gewachsene psychische Schulbeanspruchung von Kindern eine bewußte oder unbewußte – in jedem Fall aber wirksame – Erwartungshaltung der Eltern von großer Bedeutung sein. Denn wenn wir ganz ehrlich sind, geschieht es uns selber oft genug, daß wir den Erfolg als solchen höher bewerten als den Weg dorthin. So kann es eigentlich nicht verwundern, daß die Freude am Lernen und das soziale Lernen buchstäblich auf der Strecke zu bleiben drohen.

Keine frühere Kindergeneration ist dem Einfluß und damit auch dem Mißbrauch einer Konsum- und Medienwirtschaft so stark ausgesetzt gewesen wie die heutige. Eine Mutter von zwei kleinen Kindern berichtete von einem Einkauf im Supermarkt: Schon bevor sie in den Laden ging, habe sie sich bei der Ausarbeitung einer Strategie ertappt, wie sie den Weg duch die Warenregale so wählen könne, daß sie an möglichst wenigen Stellen die Waren passiert, die der Kategorie „süße Versuchungen“ zuzuordnen sind. Denn, so sagt sie ein wenig wehmütig, sie hat sich schon lange vor der Geburt ihrer Kinder viele Gedanken um eine gute Erziehung gemacht und sich dabei fest vorgenommen, besonders auch auf eine gute, gesunde Ernährung zu achten.

Mit viel Geschick durchschifft sie nun die Gewässer mit all den süßen und doch so ungesunden Klippen erfolgreich. An der kleinen Kassenschlange angekommen, bahnt sich jedoch an, was sie so gerne vermieden hätte... Die dort für Kinderaugen und -hände so praktisch erreichbaren Kleinigkeiten haben ihre Anziehungskraft voll entfaltet. Was als freundlich-bestimmende Einflußnahme auf die Kinder beginnt, endet mit Kindertränen und kundschaftunterhaltendem Geschrei und letztendlich mit der Kapitulation der Mutter.

Überall dort, wo sich Eltern um eine vernünftige Erziehung bemühen, einer Erziehung, die auch zum Verzicht befähigt und die zumindest den Versuch unternimmt, der Konsumversuchung und dem oft kostspieligen „Modediktat" wenigstens hie und da zu widerstehen, überall dort werden Szenen wie die hier beschriebene wohlbekannt sein. Dabei macht das eigentliche Problem nicht nur die Tatsache aus, daß Kinder zu einem bedeutenden Marketingfaktor geworden sind, deren Produktkonditionierung und Konsumgewohnheiten frühestmöglich zu beeinflussen versucht werden. Es geht ja nicht nur um die Milliarden Mark, die bereits den Vier- bis Zehnjährigen heute jährlich an Taschengeld zur Verfügung stehen, sondern es geht auch darum, sich die Kinder von heute als die erwachsenen Käufer von morgen zu sichern. Das Problem liegt auch in uns und in unserem Lebensstil.

Als 1976 das Buch „Haben oder Sein" von Erich Fromm herauskam, war es innerhalb kürzester Zeit in aller Hände. Der Inhalt dieses Buches, mit dem so plakativen wie treffenden Titel, traf uns während einer Entwicklung, die wohl ungebrochen anhält, bei der uns nämlich der Schein als das Sein verkauft werden soll.

Dabei geht es hier nicht um die Konsumverteufelung oder um den Aufruf zur asketischen, lust- und genußfeindlichen Selbst- und Kindererziehung oder gar um die Leugnung der Ästhetik, die sich ja auch in der Art, wie wir uns kleiden oder wie wir uns zu Hause einrichten, ausdrückt und ausdrücken soll. Es geht lediglich darum, das Spannungsfeld aufzuzeigen und den schmalen Grat zu verdeutlichen, der zwischen Selbstbestimmung und Fremdbestimmung, zwischen Opfer und Gestalter unseres Lebensstils liegt. Oder, um es „frommscher" auszudrücken, auf die Gefahr aufmerksam zu machen, das, was wir haben, für identisch zu halten mit dem, was wir sind.

Wie oft geschieht es, daß Kinder mit Gütern und Geschenken, mit Spielen und Spielsachen überhäuft werden, an denen sie nach wenigen Tagen nahezu alles Interesse verloren haben, das spurlos an ihnen vorübergeht; und wie lange dagegen beschäftigt sie oft ein gemeinsames Erlebnis, eine unmittelbare Erfahrung, ein Abenteuer?

Genau dieses Verlangen der Kinder nach Abenteuer machen sich denn auch Filmproduzenten, Programmgestalter und Computerspielhersteller etc. zunutze. Es ist über die Wirkung der modernen Medien auf die kindliche Entwicklung gerade in jüngster Zeit in zunehmendem Umfang geforscht, geschrieben und veröffentlicht worden, so daß ich mich hier für unser Thema auf einen Aspekt beschränken will, den ich aber für einen der wesentlichsten halte.

Im Gegensatz zu den selbsterlebten, mitgestalteten, unmittelbar erfahrenen Ereignissen, die ein Kind tagtäglich in Schule und Familie, mit Freunden und alleine durchlebt, ist die Erlebnisqualität durch einen Fernsehfilm eine völlig andere. Wir sprechen hier von sogenannten Primär- und Sekundärerfahrungen. Was unterscheidet diese beiden Erfahrungsebenen voneinander? Als Zuschauer eines Films werden in mir zwar oft sehr heftige Gefühle wie Spannung, Angst, Erregung, Trauer oder Freude erzeugt, jedoch bleibe ich immer Zuschauer, habe keinen Einfluß auf den Ablauf der Dinge und bin nur scheinbar Teilnehmer eines Ereignisses. Durch die Bilder, die ja ganz konkret sind und keiner Plausibilität folgen müssen, erlebe ich die Welt und die „Wirklichkeit" quasi aus zweiter Hand. Das meiste dieser Bilder, gerade in Abenteuerfilmen, ist ja inszeniert und führt uns Idealfiguren vor, mit denen unsere eigene Person schon lange keinem Vergleich mehr standhält.

Und genau an diesem Punkt werden zweierlei bedeutsame Gefährdungspotentiale für die Entwicklung des kindlichen Ichs (und Selbst) deutlich. Denn je umfangreicher und massiver das Kind diese Sekundärerfahrungen macht, desto geringer werden im Vergleich dazu seine Möglichkeiten, eigene Primärerfahrungen zu machen. Nichts in seinem Schatz an alltäglichen Erfahrungen ist nur annähernd dazu angetan, sich mit diesen spektakulären Ereignissen messen zu können. Ein gesundes Ich und ein starkes Selbstwertgefühl entwickelt sich aber nur dann, wenn ich auch in ausreichendem Maße „Ich-kann-Erfahrungen" gemacht habe. Wobei mir meine

Mitmenschen dabei als unverzichtbare Orientierungspunkte dienen, weil ich nur dadurch, daß ich mich mit ihnen vergleiche und an ihnen messe, mich selbst erfahren, einschätzen und versichern kann. Wie niederschmetternd, ernüchternd und Minderwertigkeitsgefühle erweckend sich dieses In-Beziehung-Setzen mit all den tollen, idealisierten und oft völlig überzogenen Figuren des Medienspektakels ausfällt, ist leicht vorstellbar.

Auf eine weitere Konsequenz, nämlich die, daß die Welt *längst bekannt* ist, bevor sie erfahren werden konnte, weisen T. Ziehe und H. Stubenrauch in ihrem Buch „Plädoyer für ein ungewöhnliches Lernen“ hin, dort heißt es: „Zentrum des Leidens ist nicht mehr das, was man nicht darf, sondern das, was man nicht kann.“ Zu welchen Fehlentwicklungen dies führen kann, wird uns auch in dem Kapitel „Abweichendes Verhalten und die Suche nach Abenteuer“ beschäftigen.

Es bleibt also dabei, daß die Qualität des eigenen, unmittelbaren Erlebnisses auch durch noch so gute Sekundärerlebnisse nicht zu ersetzen ist. Im Gegenteil, gerade wir als Eltern und Erzieher sind dazu aufgerufen, unseren Kindern diese Erlebnisse zu vermitteln und zu ermöglichen. Nicht nur, daß die Erlebnismöglichkeiten insbesondere im Bereich der Natur und der Elemente immer eingeschränkter sind, sondern auch, daß die Verlockung der modernen Medien – und das erfahren wir oft genug an uns selbst – ausgesprochen groß sind.

Die Freizeit der Kinder – verplante Kindheit und Freizeitstreß

Die durchschnittliche Anzahl der Kinder pro Familie liegt derzeit bei etwa 1,3 Kindern, mit sinkender Tendenz. Was sich also früher oder heute noch in vielköpfigen Familien viele Kinder teilen mußten, steht heute oft einem oder zwei Kindern zur Verfügung. Damit konzentrieren sich die Fürsorge und Aufmerksamkeit der Eltern, aber auch deren wirtschaftliche Aufwendungen auf das eine oder die zwei Kinder. So positiv dies grundsätzlich ist, so könnte es gleichzeitig ein Grund dafür sein, daß diese Kinder neben schulischem Leistungsstreß geradezu auch in einen „Freizeitstreß“ kommen. Im Terminkalender eines Kindes findet sich dann nicht selten ein volles Wochenprogramm, in dem sich Sporttraining, Musikunterricht, Nachhilfe, Ballett-, Reit- oder Tennisstunden, Jugendrotkreuz oder -feuerwehr etc. wöchentlich aneinanderreihen. Wer sich einmal die Mühe macht, die dafür anfallenden Wochenstunden zu errechnen und die jeweiligen Anfahrtswege noch dazu zählt, der wird in vielen Fällen auf 30, 35 oder gar 40 Stunden in der Woche kommen, die bereits fest verplant sind.

Natürlich kann man zu Recht darauf hinweisen, daß in einer so gearteten Palette von vielfältigen Freizeitangeboten und Aktivitäten auch Chancen und Möglichkeiten liegen, von denen frühere Kindergenerationen nur träumen konnten. Was aber gibt uns die Sicherheit, daß Kinder einen solchen „Terminkalender" unterschwellig nicht auch als erdrückende Belastung erleben? Als Belastung, die es ihnen oft unmöglich macht, zur Ruhe zu kommen, sich eigenen spontanen Interessen und Neigungen zuzuwenden oder einfach einen Nachmittag zu „verspielen"?

Die Verarbeitung dessen, was erlebt und erfahren wurde, all der abstrakten Lehrinhalte und des vermittelten Unterrichtsstoffes muß ja irgendwie und irgendwo geleistet werden. Nichts verarbeitet dies natürlicher als das Spiel, denn das Spiel ist die Arbeit des Kindes! Wenn wir also die Kindheit unserer Kinder erhalten wollen, dann müssen wir dafür Sorge tragen, daß das Spiel im Alltag des Kindes erhalten bleibt.

Als eine weitere Folge dieser Verplanung und Konzentration könnte auch die zunehmende Verunselbständigung von Kindern begriffen werden. Ich meine damit das Phänomen, daß es Kindern oft sehr schwerfällt, etwas mit sich anzufangen, wenn einmal kein „Programm" ihnen sagt, was sie machen sollen. Denn die Fähigkeit, mit sich und seiner Zeit etwas anzufangen, selbst tätig zu werden und damit auch selbständig zu werden, könnte ja auch in dem Maß abnehmen, in dem ich verplant bin oder werde. Daß es für Kinder in solchen Situationen, in denen sie plötzlich frei sind, weil sie Freizeit haben, dann zu einer spannungsreichen Leere kommt, werden wir als Erwachsene leicht an uns selbst nachempfinden könne. Und geradezu als „Retter" bietet sich dann das Programm an, und zwar das Fernsehprogramm . . .

Aufwachsen in einer Erwachsenenwelt am Beispiel von Stadtplanung und Wohnungsbau

Neben den familiären und sozialen Bedingungen, unter denen Kinder aufwachsen, stellt wohl die räumliche Situation den nächstwichtigsten Faktor für das Kind dar. Sowohl die Wohnung, in der das Kind je jünger es ist, desto mehr Lebensanteile verbringt, als auch das unmittelbare, das heißt für das Kind erreichbare und damit auch erlebbare Wohnumfeld spielen dabei eine große Rolle. Welche Verhältnisse und Strukturen die meisten Kinder dort vorfinden, soll hier kurz skizziert werden.

Fachleute sprechen im Zusammenhang mit der jüngeren Stadtentwicklung von der „Monofunktionalität" städtischer Räume. Dieser etwas trockene Begriff drückt bei näherem Betrachten die Situation sehr treffend aus. Er beschreibt nämlich die Gliederung des Lebensraums „(Groß-)Stadt" in einzelne, für ganz bestimmte Zwecke errichtete Einheiten. Als da sind Einkaufszentren, die aus vielen verschiedenen, mit unterschiedlichen Produkten oder Dienstleistungen handelnden Geschäften bestehen; Gewerbegebiete, in denen ausschließlich Fabriken, Lager und Firmen angesiedelt sind; Verkehrsflächen, die nur noch das Befahren (oft genug nur noch mit motorisierten) Fahrzeugen zulassen; Fußgängerzonen, die nur noch zum Laufen (und Kaufen!) eingerichtet sind; Sport- und Freizeitparks, die man zu sportlichen oder Freizeitaktivitäten aufsucht.

Allen diesen Einheiten ist gemein, daß sie zur Erledigung oder Verrichtung eines ganz bestimmten Zwecks dienen. Diesen Zweck erfüllen sie zwar oft sehr gut, jedoch werden andere, im Prinzip auch mögliche Zwecke wie zum Beispiel das Bespielen weitgehend verunmöglicht, sei es nun willentlich oder unwillentlich.

Auf dem Hintergrund einer so gearteten Stadt bleibt auch den Wohngebieten zunehmend lediglich die Nutzung zum Wohnen, was sich dann vornehmlich aufs Schlafen und Essen beschränkt.

Werfen wir noch einmal einen Blick auf die räumlichen Bedingungen, unter denen die Eltern der heutigen Kinder groß (erwachsen) geworden sind. Ohne damit in das Lied „... früher, ja früher war alles eben besser ..." einstimmen zu wollen, bleibt doch festzustellen, daß – obwohl die eigentlichen Wohnverhältnisse sicher beengter und weniger komfortabel waren – Straßen eben nicht nur zum Befahren, sondern auch zum Bespielen, zum Ball- und Fangespiel geeignet waren. Oder daß Kinder durch ortsansässige Handwerksbetriebe über Beobachten und Erfahren sich erlebte Vorstellungen von der Entstehung von Dingen machen konnten.

Nicht hoch genug kann auch die Bedeutung von Baulücken, Steinbrüchen, Baustellen, d. h. von unverplanten, aber um so interessanteren Spielräumen für Kinder eingeschätzt werden. Aber gerade solche, von einer Funktion nicht festgelegte Räume können wir uns heute im wahrsten Sinne nicht mehr leisten, wie allseits beteuert wird. Denn Grundstücke sind vor allem in dichter besiedelten Regionen immens teuer, und dort, wo man die Reste einer fast völlig zurückgedrängten Natur noch erhalten will, werden sie unter Natur- oder Landschaftsschutz gestellt. Damit verbunden ist natürlich der Schutz vor allzu intensiver Nutzung durch die Bevölkerung, so daß diese Gebiete für eine aktive, gestalterische Aneignung durch Kinder ebenfalls entfallen.

Bemerkenswert finde ich, das sei hier nur am Rande erwähnt, mit welcher Intensität und Schnelligkeit heute weite Gebiete unter gesetzlichen Natur- und Landschaftsschutz gestellt werden; eine vergleichbare Praxis für Flächen, die für Kinder zum Bespielen und Gestalten wertvoll sind, ist jedoch nicht einmal in der öffentlichen Diskussion, geschweige denn in einzelnen Fällen realisiert.

Abweichendes Verhalten und die Suche nach Abenteuer

Dieses Kapitel fällt zugegebenermaßen etwas aus dem Rahmen dessen, was uns bisher beschäftigt hat. Es tut dies auch deshalb, weil hier eigentlich völlig unwissenschaftlich ein Zusammenhang gedacht wird, der mehr aus persönlichen Erfahrungen bzw. Beobachtungen entsprungen ist als aus wissenschaftlichen Untersuchungen. Denn solche sind meines Wissens zu diesem Thema noch nicht gemacht oder zumindest noch nicht veröffentlicht worden.

Gleichzeitig bilden die hier angestellten Betrachtungen eine Art Bindeglied im doppelten Sinn: Zum einen werfen sie ein Licht auf mögliche Fehlentwicklungen von Heranwachsenden, die in den negativen Folgen einer wie vorausgehend beschriebenen Umwelt begründet sein könnten, zum anderen führen sie den Begriff des „Abenteuers“ im Zusammenhang mit dem sich entwickelnden Kind und dessen Persönlichkeitsbildung ein.

Die bisher beschriebenen Bedingungen, in denen sich Kindheit heute vollzieht, bestimmen vor allem den Kinderalltag der etwa Fünf- bis Dreizehnjährigen. Für sie ist die Beschaffenheit ihres Wohnumfeldes und der Spielmöglichkeiten, die ihnen eine Stadt bietet, von größerer Bedeutung als für die kleineren, die noch sehr eng an ihre Eltern und ihre unmittelbaren, häuslichen Gegebenheiten gebunden sind. Auch für die Älteren, 14- bis 16jährigen spielt das Wohnumfeld nicht mehr diese entscheidende Rolle, sind sie doch aufgrund ihrer Selbständigkeit und höheren Mobilität eher in der Lage, sich ihre Freiräume und Erlebnisfelder gegebenenfalls auch weiter weg zu suchen. Das gleiche trifft auch auf die Freizeitsituation und deren Verplanung zu und mit Einschränkungen auch auf den Einfluß von Schule, Medien und Konsum.

Wenn hier von „abweichendem Verhalten“ die Rede ist, so sind damit vor allem jugendspezifische Normverstöße gemeint. Als solche gelten in der Regel Verstöße gegen die Straßenverkehrsordnung (Mofafrisieren, Fahren ohne Fahrerlaubnis etc.), kriminelles Verhalten im Bereich der Eigentumsdelikte (Ladendiebstähle, Automatenknacken etc.) oder auch Verstöße gegen das Betäubungsmittelgesetz (Drogenkonsum).

All diese Formen abweichenden Verhaltens treten vor allem und erstmals in der Zeit der Pubertät oder Postpubertät auf, also im Jugendlichenalter und nach der eigentlichen Kindheit. Trotzdem können sie sicher nicht vollkommen losgelöst von diesem Abschnitt betrachtet werden und vermutlich auch nicht einigermaßen hinlänglich erklärt werden, ohne daß man die Bedingungen der Kindheit mit berücksichtigt. Was macht also diesen Abschnitt der Pubertät aus und in welchem Zusammenhang könnte er – was die Normabweichungen betrifft – mit dem vorausgegangenen Kindheitsabschnitt stehen?

Mit dem Beginn der Pubertät und dem Durchleben des Jugendlichenalters dringt der Heranwachsende in Gefühlswelten ein, dessen Dimensionen er bisher nicht erfahren hat. Dies gilt für das Sichglücklich- wie auch das Sich-unglücklich-Fühlen gleichermaßen. Mit der Eroberung völlig neuer Gefühlswelten geraten gleichzeitig bisher unumstößliche Sicherheiten ins Wanken. Allmachtsgefühle wechseln sich ab mit Gefühlen absoluter Verlorenheit und Orientierungslosigkeit. Altes und Bekanntes wird durch heftige Auflehnung abgelehnt, ohne eigentlich zu wissen, zu welch Neuem man hinstrebt. In dem Versuch, den eigenen Weg zu gehen, drückt sich die Suche nach der eigenen Persönlichkeit aus. Wen wundert es da, daß Jugendliche versuchen, anders zu sein als die Erwachsenen, von denen sie umgeben sind, ja oft notorisch nonkonform sein zu wollen? Denn gerade durch das Anderssein stellt sich ein Gefühl der eigenen Individualität ein. In dieser Phase des Aufbruchs und der Auflehnung suchen Jugendliche aber auch stark nach jeder Art von Grenzen, denen der Mitmenschen und den eigenen. Und gerade hier in dieser Phase der Ich-Suche bietet das Abenteuer vieles, um ans Ziel zu kommen. Denn Abenteuer im positiven Sinne beinhaltet das Gefühl, herausgefordert zu werden, Spannung zu erleben, anders zu sein als die anderen, Sich-messen-Können und eigene Grenzen erfahren zu können.

Um sich diese Abenteuer-, Erlebnis- oder Erfahrungswelten auch erschließen zu können, bedarf es zweier wichtiger Vorraussetzungen, die sich nur scheinbar widersprechen. Zum einen muß ein Potential an Geheimnissen noch vorhanden sein, das ich mir nun erschließen kann, denn nichts wirkt so destruktiv wie das Bewußtsein oder das Scheinbewußtsein, alles schon zu kennen, gesehen zu haben, gehört zu haben und womöglich auch noch zu können. Zum anderen ist für die gesunde Bewältigung der Pubertät das Maß und die Intensität von Abenteuererfahrungen, die in der Kindheit gemacht wurden, von großer Bedeutung. Diese Erfahrungen erlauben es quasi im Rückgriff, Erlebniswelten zu reaktivieren und zu intensivieren, die die jetzt so bedeutsamen „Ich-bin-Gefühle" vermitteln. Ist dieser Erfahrungsschatz eher klein und bescheiden, so wächst die Chance, sich delinquenter Verhaltensweisen zu bedienen, indem auf Formen zurückgegriffen wird, die durch unzählige Kriminal- und Actionfilme bekannt sind und nur allzu grell und verführerisch-einfach erscheinen. Gerade diese Formen versprechen, die Suche nach dem Gefühl der Herausforderung, der Spannung, der

Nonkonformität, des Sich-messen-Könnens etc. erfolgreich zu gestalten.

In meiner fast sechsjährigen Tätigkeit mit jugendlichen Drogenabhängigen und der damit verbundenen Auseinandersetzung mit den Ursachen, warum Jugendliche zu Drogen greifen – und damit auch fast immer kriminell werden –, erschien mir dieser Zusammenhang geradezu augenfällig. Überproportional viele suchtkranke junge Erwachsene kamen aus Familien, die entweder als überfürsorglich zu bezeichnen sind oder in denen z. B. die Großeltern die wichtigsten Erziehungsaufgaben übernommen hatten und geradezu durchgängig durch ihre „Gutmütigkeit" verhinderten, daß der Jugendliche sich an ihnen reiben konnte und dadurch eigene Ich-Stärke entwickeln konnte. Auffallend groß war auch der Anteil an jungen Erwachsenen, der in einem Klima des „unserem Kind soll es einmal besser gehen..." aufwuchsen oder unter dem zwar so nicht geäußerten, aber umso wirksameren Anspruch der Eltern, ihr Kind soll einmal etwas „Besonderes" werden. Diesen Kindern wurden dann elementare Erlebnis- und Gestaltungsräume vorenthalten, wie zum Beispiel in der Straßenclique zu spielen oder sich einmal richtig dreckig machen zu dürfen. Unter vielen anderen Ursachen und Hintergründen der Suchterkrankung von Jugendlichen erschien mir dieser Zusammenhang ein sehr wesentlicher und gleichzeitig ein wenig beachteter.

In der Arbeit mit jugendlichen Drogenabhängigen, Straffälligen und in der Jugendpsychiatrie hat es vereinzelt Versuche gegeben, auf dem Hintergrund ähnlicher Überlegungen besondere therapeutische Maßnahmen durchzuführen und zu erproben. Herausragend und besonders interessant sind dabei einige Projekte, die den Versuch unternommen haben, anstelle der Unterbringung von Jugendlichen in geschlossenen Jugendheimen und Strafanstalten mit diesen einen zum Teil viele Wochen dauernden Segeltörn durchzuführen. Neben den sozialtherapeutischen Erwägungen dürfte es wohl vor allem der Abenteuercharakter einer solchen Maßnahme gewesen sein, durch den ein intensives Sich-selbst-Erleben und Selbstbewußtsein gefördert werden sollen. Die Ergebnisse sind erstaunlich und geben Anlaß, verstärkt in dieser Richtung zu arbeiten und zu experimentieren.

Abenteuer als intensives Sich-selbst-Erleben

Gibt es richtige und falsche Abenteuer?

Die Frage, ob es so etwas wie ein richtiges und ein falsches Abenteuer gibt, mutet zunächst sicher etwas befremdlich an. Erinnern wir uns jedoch an den Unterschied zwischen Primär- und Sekundärerfahrungen (S. 17f.), so führt uns dies zum Kern der Sache. Primärerfahrungen sind demnach Erlebnisse, an denen ich selbst direkt teilnehme und teilhabe, und zwar mit allen meinen Sinnen. Sekundärerfahrungen sind solche, die sich auf einer anderen, abstrakteren Ebene abspielen, die sich mir aus „zweiter Hand" als Zuschauer und Zuhörer mitteilen. Abstrakt deshalb, weil sie sich zwar sehr konkreter Bilder und einer konkreten Sprache bedienen, mir jedoch als elektronisch erzeugter Punkt etwa auf einem Bildschirm begegnen. Diese beiden unterschiedlichen Erfahrungsqualitäten weisen schon auf eine Antwort auf die Frage nach richtigen und falschen Abenteuern hin.

Was aber drückt sich eigentlich in dem Wort „Abenteuer" aus? Gibt uns die Herkunft dieses Wortes Hinweise auf seine ursprüngliche Bedeutung und seine Wesenheit?

Das Wort „Abenteuer" ist verwandt mit dem französischen Wort *l'aventure* und dem lateinischen *advenire*. *Advenire* bedeutet soviel wie „auf sich zukommen", „sich ereignen". Das Substantiv *l'aventure* (franz.) oder niederdeutsch *Aventiure* bezeichnet ein Ereignis, eine Begebenheit, ein (kühnes) Wagnis, etwas Ungewöhnliches oder Seltsames.

Zwei Bedeutungsinhalte sind dabei auffällig: Zum einen geschieht hier etwas zeitlich nicht punktuell, sondern umfaßt einen Zeitraum, dessen Charakteristikum ein Handlungsbogen (Spannungsbogen!) ist. Das mit dem Wort Abenteuer verwandte Wort *Advent* drückt dies sehr deutlich aus. Zum anderen erscheint bemerkenswert, daß die sich aus dem Substantiv ableitenden Verben wie z. B. „sich in Abenteuer stürzen", „sich in Gefahr begeben", „sich ereignen", „auf sich zukommen" etc. fast immer reflexiv sind (sich ...) und damit die starke Verknüpfung mit einer aktiven Person ausdrücken. Verben wie etwa „abenteuern", „sich abenteuern lassen" oder „beabenteuern" gibt es hingegen nicht.

Vor diesem Hintergrund zeigt sich das richtige Abenteuer als eine Form des intensiv Sich-selbst-Erlebens, und zwar durch aktives Tun innerhalb eines Handlungsbogens, dessen Spannung daraus resultiert, daß ein bestimmter Plan gefaßt wird bzw. daß man sich zum Teil ungewissen Bedingungen und daraus folgenden Ereignissen aussetzt.

Alle Formen der kindlichen Entdeckung der Umwelt, das spielerische Befassen mit Dingen, Bedingungen oder Personen tragen diesen Aspekt des Abenteuers in sich. Wichtig erscheint mir dabei auch, daß das Kind mit all seinen Sinnen und nicht nur audiovisuell diese Erfahrungen machen kann. Gerade das Riechen, Spüren, Tasten und Anfassen (Be-greifen) gehören zu den zentralsten Formen der Wahrnehmung, Verarbeitung und des Begreifens von Kindern.

Im Spiel von Kindern, verstanden als alles umfassende Beschäftigung, in der Arbeit und Auseinandersetzung des Kindes mit sich und seiner Umwelt, ist das Kind selber Akteur, begibt sich real und in seiner Phantasie in Abenteuer, entdeckt die Welt und eignet sich Räume und Beziehungen an.

Das Anschauen von Filmen, Videos und Fernsehsendungen, wie auch das mittlerweile weitverbreitete Spielen mit Computern erfüllen diese Anforderungen nicht oder nur teilweise. Ihnen fehlen nicht nur bestimmte sinnliche Wahrnehmungsmöglichkeiten (Tasten, Spüren, Schmecken, Riechen), sondern sie lassen uns entweder gar keine oder nur sehr reaktive und eingeschränkte Einflußmöglichkeiten. Aktiv teilzuhaben und selbst etwas zu tun ist wenig oder gar nicht gefordert, und damit kann sich das Gefühl „ich kann etwas", „ich bewirke etwas" kaum entfalten. Man „sitzt zwar in der ersten Reihe", was aber nichts daran ändert, daß einem die Welt wie eine Bühne erscheint, die man vom Parkett aus erlebt. Diese Art von Abenteuer, die man vielleicht zu Recht als falsches Abenteuer bezeichnen kann, erscheint bestenfalls wie jene simplen Malbücher, bei denen Kinder vorgegebene Zeichnungen kolorieren sollen.

Seit etlichen Jahren schon locken verschiedenste Software-Hersteller ein ständig wachsendes junges Publikum mit Computerspielen und Computer-Abenteuern. Mit eines der ersten Spielprogramme, die auf dem Markt waren, hieß „adventure“ und erfreute sich auch bei Erwachsenen großer Beliebtheit. Mittlerweile gibt es unter diesen Spielen eine umfangreiche eigene Gattung (die „adventures“ genannt wird), bei denen der jeweilige Spieler als Hauptdarsteller in einer romanhaften Handlung fungiert und dabei die verschiedensten Aufgaben zu lösen und die abenteuerlichsten Gefahren zu bestehen hat.

Daneben sind inzwischen fast alle klassischen und gängigen Brett- und Gesellschaftsspiele auch als Computerspielversionen zu haben. Als eine dritte Gattung sind die sogenannten Simultanspiele zu nennen, bei denen vom U-Boot-Krieg über den Medienkampf um Einschaltquoten und Werbespots bis hin zum Spiel mit geosphärischen Faktoren, bei denen Wälder durch Wüsten ersetzt werden können oder ganze Kontinente die Lage verändern, alles simuliert wird.

Wie aber sind solche Computerspiele angesichts der Frage nach richtigem und falschem Abenteuer zu bewerten und wie gehen wir als Eltern oder Pädagogen damit um?

Auch für das Computerspiel von Kindern gilt das zuvor Gesagte: Die hier erworbenen Erfahrungen und Erlebnisse können Erlebnisse des realen Umfeldes der Kinder nicht ersetzen, sondern verhindern sie sogar bei exzessiverer Benutzung. Es werden nur ganz bestimmte Sinne des Kindes angesprochen, es werden nur ganz bestimmte Fähigkeiten gefördert und oft sind Isolierungs- und soziale Vereinzelungsprozesse gerade bei den Kindern zu bemerken, die einen großen Teil ihrer Freizeit am Computer verbringen. Das hängt auch damit zusammen, daß nahezu alle Arbeiten am Computer und damit auch ein großer Teil der Computerspiele als Einmann/frau-Betätigungen angelegt sind. Das Einbeziehen von Mitspielern oder Spielgefährten ist schwer oder unmöglich oder wird zumindest oft als störend empfunden.

Wer einmal – auch als Erwachsener – so richtig mit dem Computer gespielt hat, der wird sehr oft die Erfahrung gemacht haben, daß dieses Spielen eine Eigendynamik entwickelt, bei der beispielsweise das Zeitempfinden zurückgedrängt wird, und daß es oft schwer ist, sich wieder vom Computer zu „befreien".

Was die Computerversionen bekannter Brettspiele anbelangt, ist zu bemerken, daß dem Spieler dabei eine Dimension (die räumliche) verlorengeht, auch wenn das Schachbrett perspektivisch auf dem Bildschirm erscheint. Das Schachspielen mit dem Computer ist im übrigen ein gutes Beispiel dafür, wie der Mitspieler durch ein Gerät ersetzt wird, wodurch alle sozialen Interaktionen, die ja gerade beim Spielen eine große Bedeutung haben, wegfallen.

Trotzdem kann die Frage, wie Computerspiele als Abenteuer zu bewerten sind, nicht eindeutig beantwortet werden, auch wenn hier die kritischen Einwände vorherrschen. Sicher gibt es auch Computerspiele, die mit mehreren gespielt werden können und die so etwas wie „Spielgewinn" im Sinne bereichernder Erfahrungen vermitteln. Billig ist das Vergnügen allerdings nicht, denn wirklich gute Programme sind nicht nur teuer, sondern erfordern auch leistungsfähige und damit kostspielige Hardware.

Mit Absicht sind bisher jene beiden Erfahrungsformen – Primär- und Sekundärerfahrungen – hier so stark polarisiert und voneinander abgegrenzt worden. Auf diese Weise sollten die sie unterscheidenden Qualitäten deutlich gemacht werden, um damit in der Erziehung von und im Umgang mit Kindern Orientierungen zu finden. Orientierungen hinsichtlich einer Erlebnisvielfalt und einer Erlebnispädagogik, die nicht nur bereichernd wirken soll, sondern auch dazu befähigen soll, das kindliche Ich zu stärken und zu entwickeln. Die Unterscheidung von Primär- und Sekundärerfahrungen und deren Grobzuordnung in richtige und falsche Abenteuer ist dabei zwar eine hilfreiche, aber letztlich natürlich auch stark vereinfachende Klassifizierung. Die Wichtigkeit und Bedeutung mittelbarer Erfahrungen, die Kinder machen, wird beispielsweise an Märchen, Geschichten und Sagen deutlich. Obwohl sich das Märchen ja in einer erdachten und nicht real vom Kind gestaltbaren Welt abspielt, taucht das Kind in eine Abenteuer- und Erlebniswelt ein, die für seine Persönlichkeitsentwicklung sehr bedeutsam ist. Dabei geht es nicht nur allein darum, daß das Kind über Märchen mit menschlichen Wesenskräften und ethisch-moralischen Vorstellungen konfrontiert wird, denen es in seiner realen Welt noch nicht oder noch nicht in dieser Bedeutsamkeit begegnet ist. Sondern das Märchen oder die Geschichte regt eine Phantasie im Kind an, die es ihm in spielerischer Weise ermöglicht, diese Wesenskräfte in seine reale Welt hineinzutragen und dort zu verarbeiten.

Damit können auch mittelbare Erlebnisse durch Phantasie und spielerisches Verarbeiten zu unmittelbaren Erfahrungen gedeihen, sofern sie das Kind in seinen Möglichkeiten nicht überfordern, solche Erlebnisse auch zu verarbeiten, und sofern seine realen Lebensbedingungen dieses spielerische Verarbeiten erlauben und zulassen.

Kindliche Entwicklung und deren unterschiedliche Abenteuerwelten

Wer sich mit Entwicklungspsychologie und der Entwicklung von Kindern beschäftigt, wird festgestellt haben, daß es zwar eine Fülle von Büchern und Abhandlungen über die frühe Kindheit oder die Pubertät gibt, die mittlere Kindheit (ca. 6.–12. Lebensjahr) oft jedoch nur kurz oder gar keine Erwähnung findet. Dort, wo wir aber in der Fachliteratur auf die mittlere Kindheit stoßen, begegnen uns Begriffe wie Latenzzeit, kritischer Realismus, Bandenalter, Phase der Moralbildung, Ritualismus oder Magisches Denken. All jene Begriffe weisen auf einzelne Aspekte dieses Entwicklungsabschnittes hin. Sie sind zwar durchaus kennzeichnend, aber kaum dazu nützlich, sich ein umfassenderes Bild zu verschaffen.

Die Psychoanalyse als klassische und grundlegende Betrachtungsweise individualpsychologischer Abläufe spricht hier von *Latenzzeit*. Damit ist sowohl eine Zeitspanne gemeint, in der keine augenscheinliche sexuelle Entwicklung zu beobachten ist (Asexualität), als auch eine Zeit, in der sich das Wachstum verlangsamt. Viele Psychologen der jüngeren Zeit betrachten dieses Charakteristikum mittlerweile jedoch als zu vereinfacht oder gar als falsch, so daß man, ohne damit zu weit zu gehen, von einem überholten Ansatz zur Erklärung der inneren psychischen Vorgänge in der mittleren Kindheit sprechen kann.

Auf die Entwicklung des Denkens beziehen sich Begriffe wie *Bildung konkreter Operationen* bzw. *Kritisches Denken* (Piaget) oder *Kritischer Realismus*. Letzterer soll als kennzeichnender Begriff das Phänomen beschreiben, daß Kinder ab einem bestimmten Alter (zwischen sechs und acht) anfangen, sich mit einem ungeheuren Wissensdurst auf alle sie umgebenden Dinge und Vorgänge zu stürzen. Sie wollen wissen, wie was funktioniert, den Dingen ins Innere schauen. Gleichzeitig versuchen sie in äußerst kritischer Weise zwischen bloßen Behauptungen und nachprüfbaren Realitäten zu trennen. Kritisch werden sie auch gegenüber Erwachsenen. Sie versuchen, eine erste Distanz zwischen sich und den Eltern bzw. anderen Erwachsenen zu erkämpfen.

Das in diesem Alter komplexer werdende Denken läßt sich gut an einem schon klassischen Experiment veranschaulichen: Gießen wir eine immer gleich große Menge an Flüssigkeit von einem niedrigen, breiten Gefäß in ein schlankes hohes und befragen danach Kinder im Alter zwischen vier und fünf Jahren, in welchem Gefäß mehr Flüssigkeit war, so erhalten wir fast immer die Antwort „... im großen hohen". Kinder im Alter zwischen sieben und acht sind jedoch in der Regel sehr wohl in der Lage zu sehen, daß es ja immer die gleiche Menge der Flüssigkeit ist und werden sich nicht täuschen lassen durch die scheinbare Größe eines hohen Behälters.

Diese Entwicklung des Denkens, weg von einer Beurteilung nach reinem Erscheinen hin zu einem abstrakteren Denken, faßt der Begriff der „Konkreten Operation" zusammen.

Piaget verdanken wir auch grundlegende Erkenntnisse über die Entwicklung kindlicher Moralbildung. *Moralischen Realismus* und *Immanente Gerechtigkeit,* so bezeichnet er die beiden Hauptmerkmale erster moralischer Kategorien in der mittleren Kindheit. Dabei beschreibt er zwei ganz einfache und leicht nachvollziehbare Phänomene bei Kindern im Grundschulalter: Die aus Geschichten oder von Erwachsenen vermittelten Regeln, was Recht und was Unrecht ist, was Gut und was Böse, nützlich oder unnütz, schön oder häßlich ist, werden völlig verinnerlicht, ohne daß sie dabei wirklich verstanden werden. Das Kind wendet diese Regeln äußerst starr, fast despotisch an und verlangt für deren Übertretung drakonischste Strafen bis hin zur Hinrichtung oder dem Abschlagen einer Hand.

„Moralischer Realismus" ist demnach die Annahme des Kindes, Regeln bestünden um ihrer selbst willen, seien nicht relativierbar und müßten bei ihrer Übertretung drastisch bestraft werden. Die „Immanente Gerechtigkeit" beschreibt als Begriff die kindliche Annahme, daß jede moralisch schlechte Tat den Keim ihrer Bestrafung schon in sich trage.

Die absolutistische, oft fatalistische und rigorose Art, wie Kinder Regeln und einmal verinnerlichte moralische Grundsätze behandeln, wird uns verständlich in dem Bemühen des Kindes, sich in einer komplexen und für kindliche Wahrnehmung oft unstabilen und undurchschaubaren Erwachsenenwelt zurechtzufinden. Die Unumstößlichkeit dieser Regeln stellt erst die Ordnung her, die das Kind braucht, um sich orientieren und zurechtfinden zu können. Später erst, gegen Ende der mittleren Kindheit, mit elf, zwölf oder dreizehn Jahren, können diese Regeln dann auch relativiert und in einen größeren Zusammenhang gebracht werden. Dann erst entwickelt sich die eigene Urteils- und Reflexionsfähigkeit.

Sofort verständlich ist uns das Charakteristikum *Bandenalter*, gibt es doch kaum ein Kind im Alter zwischen sechs und dreizehn, das sich nicht mit unverbrüchlicher Treue einer Gruppe Gleichaltriger anschließt oder eine solche gar versucht selbst zu organisieren. In bestimmten Phasen dieses Lebens in, mit und durch die Gruppe genießt diese allerhöchste Priorität. Ihre Regeln sind oft radikal und absolut und ihre Umgangsformen in Rituale gefaßt. So zum Beispiel wie die Aufnahme in die Gruppe abläuft, was bei Verstößen gegen den Ehrenkodex der Gruppe zu geschehen hat, wo die Reviergrenze der Gruppe ist und vieles andere mehr. Die Begegnung und Auseinandersetzung des einzelnen Kindes mit der Gruppe der Gleichaltrigen ist für dessen Ich-Erfahrung und das soziale Lernen gleichermaßen wichtig.

Was vielleicht erstmals im Kindergarten in kleinen und schüchternen Versuchen begonnen hat, nämlich das Sich-hinaus-Wagen in die Welt außerhalb der Familie, weg von der beschützenden Gegenwart der Eltern, drängt nun in den ersten Schuljahren mit Macht aus den Kindern. Die Erwachsenen und vor allem die eigenen Eltern sind in den Spielsituationen der Gleichaltrigengruppe verpönt. Sie stören den Prozeß der langsamen und manchmal auch schmerzhaften Verselbständigung, der Ich-Erfahrungen und der sozialen Rollenfindung des Kindes.

Den oben erwähnten *Ritualismus,* dieses Bedürfnis von Kindern also, bestimmte Abläufe in ganz bestimmter Art zu vollziehen, können wir aber nicht nur bei Kindern, die sich in Gruppen bewegen, beobachten. Oft werden ganz alltägliche Handlungen, wie das morgendliche Aufstehen, der Nachhauseweg von der Schule oder das Vorbeigehen am Nachbarhaus, in einer ganz starr festgelegten Form erledigt. Diese festen Formen können wir als Rituale auffassen, daher der Begriff des „kindlichen Ritualismus".

Ein ganz ähnliches Kennzeichen dieses Alters ist das, was in der Psychologie als das *Magische Denken* bezeichnet wird. Jeder von uns kennt diese Art Aberglaube noch aus der eigenen Kindheit: Wenn man auf dem Weg zur Schule auf dem plattenbelegten Gehsteig nur auf ganze Platten treten darf oder nur auf die Fugen, weil jeder „Fehltritt" zu einer Sechs bei der Englischarbeit führt. Gemeint ist also das In-Beziehung-Setzen zweier in keinem kausalen Zusammenhang stehender Handlungen (auf ganze Platten treten und die Leistung in der Englischarbeit), die aber in der eigenen Vorstellung ursächlich miteinander verknüpft werden.

Diese groben Umrisse entwicklungspsychologischer und soziologischer Betrachtungen über die Phase der mittleren Kindheit mögen für unseren Rahmen genügen, um sich ein Bild von den vielschichtigen Vorgängen in diesem Alter zwischen sechs und dreizehn zu machen.

In allen großen Wesensbereichen menschlicher Entwicklung vollziehen sich bedeutsame Prozesse, die für die Persönlichkeitsbildung und für die Aneignung sozialer Kompetenzen eminent wichtig sind. Es ist die Phase, in der das Kind sich moralische Kategorien aneignet, in der es sich kognitive Fähigkeiten im Sinne eines abstrakteren Denkens aneignet, und es ist die Phase, in der das Leben in der Gemeinschaft und die darin erforderlichen sozialen Fähigkeiten gelernt werden. Dazu kommt noch eine völlig neue Dimension der eigenen Körperwahrnehmung und -schulung, auf die später noch intensiver einzugehen ist.

All dies sind wichtige und bezeichnende Aspekte der mittleren Kindheit, wenngleich sie uns sicher etwas abstrakt und wenig konkret für den Alltag mit Kindern erscheinen mögen. Trotzdem werden uns viele dieser Aspekte im folgenden wieder begegnen, wenn aus der Sicht des Kindes und nicht aus der des Entwicklungspsychologen einige der großen Kindheitsthemen beschrieben werden.

Halten wir uns an die Beobachtungen von 6- bis 12jährigen Kindern und an die Erinnerungen der eigenen Kindheit, so schälen sich acht Grundthemen der mittleren Kindheit deutlich heraus, die im folgenden beschrieben werden. Gleichzeitig sind diese Themen mit Erlebniswelten (Abenteuerwelten) verknüpft, die für Kinder dieses Alters große Bedeutung haben, weil sie ihre Spiel- und Phantasiewelt prägen. Das Verständnis dieser Grundthemen stellt somit eine Art Leitgerüst für den Umgang von Eltern und Erziehern mit den 6- bis 12Jährigen dar. Sie geben uns Orientierung und Anregung für wichtige Hilfestellung im Erziehungsalltag und verdienen deshalb besondere Aufmerksamkeit.

Acht Grundthemen der mittleren Kindheit

1. Jagen und Sammeln

Fast fieberhaft haben wir die Pappkiste präpariert, um sie endlich der von uns erdachten Zweckbestimmung zuzuführen. In unserer Phantasie näherten sich ganze Kolonien von Spatzen und Tauben, unsicher und doch zielstrebig, unsere Geduld aufs äußerste fordernd, den von uns zusammengetragenen Köstlichkeiten. Währenddessen wir zum x-ten Male versuchten, die Schnur an dem Stöckchen zu befestigen, mit deren Hilfe wir unsere Falle zuschnappen lassen wollten. Das Prinzip war ebenso einfach wie nach unserer Auffassung genial: Ein mit dem Boden nach oben gestellter und auf einer Seite mit einem Stöckchen abgestützter Pappkarton sollte als Fanggerät für alle möglichen Vögel benutzt werden. Der Köder, oder besser die Köder, bestanden aus ausgewählten Delikatessen aus Mutters Küche. Wir hatten wahrlich nicht geknausert, denn, soviel war uns klar, wer beim Vogelfang wirklich größere Erfolge erzielen und sich nicht mit ein paar altersschwachen, einbeinigen Tauben begnügen will, der darf gerade am Köder nicht sparen. Und schließlich mußte die Menge an Futter auch diejenigen Vögel anlocken, die etwas weiter weg sind. Sobald sich die Vögel dann unter dem Karton über das Futter hermachen würden, würden wir – versteckt in einem naheliegenden Busch – mittels der Schnur das Stützstöckchen wegziehen, so daß die Beute in der Kiste wäre.

Tagelang, und zumindest in der ersten Zeit durch keine Mißerfolge zu erschüttern, haben wir uns wechselweise damit beschäftigt, auf der Lauer zu liegen und Fangtechnik oder Köderwahl zu verfeinern.

Irgendwann, wahrscheinlich war unsere Geduld schon seit langem am Ende, nur hatte es keiner zugegeben, haben uns ein paar andere Kinder gefragt, ob wir nicht Lust hätten, Fußball zu spielen, und weil unsere Freunde ohne uns sicher verloren hätten, gaben wir den Vogelfang auf, natürlich aus reiner Solidarität und nicht aus Enttäuschung über das denkbar schlechte Fangergebnis . . .

Solange unsere Kindheit dauerte, so lange hat uns das Jagdfieber immer und immer wieder ergriffen. Und es gilt als gewiß, daß wir nicht die ersten Kinder waren, die sich am Erjagen einer fliegenden, schwimmenden oder laufenden Beute versucht hatten, ebenso wie ich aus meiner jetzigen Tätigkeit mit Kindern dieses Alters die Erfahrung mache, daß das Jagen immer noch so attraktiv und spannend ist wie damals, als wir Kinder waren.

Zumindest für die Jungen, und darin unterscheiden sie sich vielleicht von gleichaltrigen Mädchen, bleibt dies ein Grundthema über ihre gesamte Kindheit zwischen dem siebten und dem zwölften Lebensjahr. Da werden Netze gebastelt aus Mutters Nylonstrümpfen, einem langen Stock und einem Stück Draht, um entweder im Frühjahr Kaulquappen oder im Anlagensee Stichlinge, Elritzen oder notfalls auch nur ein paar Wasserläufer zu fangen. Mit selbstgemachtem oder gekauftem Pfeil und Bogen wird auf nahezu alles geschossen, was unter die Bezeichnung erlegbare Beute fällt, das gleiche gilt für Steinschleudern oder auch fürs Messerwerfen.

Ich glaube nicht, daß es sich dabei um beigebrachte oder abgeschaute Betätigungsfelder handelt, die dann zu einem Thema dieser Phase werden. Vielmehr erscheint es mir wie eine Art „archaisches Grundmuster“, das in diesem Alter hervorbricht und nach ein paar

Jahren, etwa mit zwölf oder dreizehn, in der Regel wieder verschwindet.

Moralische Bedenken existieren zumindest im Vorfeld des Jagens ebensowenig wie eine echte Vorstellung darüber, wie mit der Beute nach dem Fang verfahren werden soll. Wird einmal tatsächlich so ein armes Tier gefangen oder gar erlegt, ist die Unbeholfenheit groß, ja manchmal sind die kleinen Jäger auch tief betroffen und geschockt. Denn das Töten von Tieren ist nicht die eigentliche Triebfeder, zumindest bei den allermeisten nicht.

Fast ebenso aus einem nicht zu erklärenden inneren Drang entbrennt bei fast allen Kindern in diesem Alter die *Sammlerleidenschaft.* Aus der ganzen Bandbreite an verschiedenen Gegenständen, die da zusammengetragen werden, läßt sich nur selten eine echte innere Neigung zwischen Sammler oder Sammlerin und Objekt erkennen. Diese entwickelt sich eigentlich erst in dem Maße, in dem die Sammlung wächst. Streichholzschachteln, Bierdeckel, Kronkorken, Abziehbilder, Aufkleber, Poster werden genauso gesammelt wie Briefmarken und Münzen, Stoffreste und leere Garnrollen, Kieselsteine und verschiedene Blätter, Spielzeugautos und kleine Plastiktierchen und, und, und...

Das Sammeln ist also nur selten wirklich objektbezogen um der Schönheit, Seltenheit oder etwa des Nutzens oder Wertes willen, sondern geschieht oft nur aus der Befriedigung eines inneren Sammlerimpulses heraus. Im übrigen soll es Erwachsene geben, die sich diese Leidenschaft bis ins hohe Alter quasi hinübergerettet haben.

Im Gegensatz zum immer wieder aufflackernden Jagdfieber ist die Sammelleidenschaft sowohl bei Jungen als auch bei Mädchen nahezu gleichstark vorhanden. Auch hier erscheint es mir wie ein archaisches Grundmuster oder Grundthema, das das Kind nicht etwa erlernt, nachahmt oder beigebracht bekommt, sondern das ein eigener, sozusagen genuiner Impuls ist.

Das Tauschen und Handeln mit den Sammelstücken betreiben die Kinder danach ebenso gern wie das stille Ordnen und Ausstellen ihrer Sammlung in ihrem Zimmer, im Keller oder wo immer sie sie aufbewahren. Die Sammlung gehört zum Wertvollsten und bei vielen Kindern sogar zum geheimnisvollsten Schatz, den sie besitzen. Von ihm wissen dann oft nur die allerbesten Freunde, und manchmal kennt ihn sogar überhaupt keine andere Person.

2. Sich sein eigenes Haus bauen

Wer erinnert sich nicht an die Hütten, Lager und die abenteuerlichen Behausungen, die jeder von uns mit eben den Materialien, die einem zur Verfügung standen, gebaut hat. Der Erfindungsgeist, aus was sich alles eine kleine Höhle oder Behausung bauen läßt, machte weder vor Mutters Gardinen halt noch sparte man die eigene Bettdecke aus. Für Kinder scheinen solche „Bautätigkeiten", verbunden mit den dann darin stattfindenden Spielen, eine große Wichtigkeit zu haben, und dies nicht nur für den Augenblick, sondern für ihre gesamte Entwicklung. Denn auch hier hat ihnen niemand gezeigt, wie sie ein solches „Haus" bauen müssen oder sie gar dazu angehalten, die Gardinen zu einem Zelt umzufunktionieren. Noch ein archaisches Grundmuster?

Vieles spricht dafür, denn selbst wenn die Zeit für die meisten Stadtkinder vorbei ist, in der man sich in einem nahe gelegenen Baum ein Baumhaus baut oder in irgendeine Böschung eine kleine Höhle graben kann, so werden eben andere Bauformen entwickelt, um zu seinem „Eigenheim" zu kommen. Die Kiste, in der die Nachbarn ihren Gefrierschrank geliefert bekamen, kann ebenso verwendet werden wie aufeinandergestapelte Kartons aus dem Supermarkt, die ja dort eh bloß weggeworfen werden. Sehr oft werden diese Behausungen dann tagelang bespielt, mit Freunden und Freundinnen als Raum genutzt, in dem man gemeinsam essen will, den man zu einem Laden umfunktioniert oder in den man sich sogar heimlich nachts zum Schlafen hinschleicht, um dann natürlich kein Auge zuzubekommen. Leider sind die Möglichkeiten der Kinder heute oft sehr stark eingeschränkt, dieser urkindlichen Spiel- und Betätigungsform nachzugehen. Keller- und Dachböden, Scheunen oder Gartenhäuschen als ideale Plätze zum Bau derartiger Behausungen stehen nur noch wenigen Kindern zur Verfügung. Daß sie sich trotz der erschwerten Bedingungen immer wieder neue Wege und Möglichkeiten suchen, spricht für die Stärke und wahrscheinlich auch für die Wichtigkeit dieses kindlichen Impulses.

3. Pflegen und Hüten

Ein weiteres Grundthema der mittleren Kindheit möchte ich hier unter den Schlagworten „Pflegen und Hüten“ behandeln. Auch wenn diese Begriffe vielleicht nicht ganz glücklich oder gar etwas altmodisch erscheinen, so treffen sie doch, wie ich meine, ganz gut einen Wesensimpuls, der in unterschiedlichster Ausprägung bei allen Kindern dieses Alters hervortritt.

Ein markantes Beispiel für diesen inneren Impuls ist der oft plötzliche, aber heftige und lang anhaltende Wunsch von Kindern nach einem Haustier. Es sind nicht sehr viele Eltern, die aufgrund persönlicher Abneigung oder z. B. mietrechtlicher Probleme diesem Ruf nach einem Hamster, Wellensittich, Häschen oder auch einem Aquarium irgendwann nicht nachgegeben haben. Zumindest aber wurden den Kindern Möglichkeiten gezeigt, wie sie doch, entweder zeitlich begrenzt – etwa im Urlaub auf einem Bauernhof – oder durch Tiere in der Nachbarschaft dieser inneren Neigung Befriedigung verschaffen können.

Im Umgang mit und in der Beziehung zu dem Tier leben Kinder oft eine innige Zuwendung und Fürsorge aus, die Erwachsene erstaunen läßt, auch wenn ihr die notwendige Kontinuität oft fehlt, so daß zum Wohle des Tieres der Erwachsene fast immer helfend, erinnernd und unterstützend beistehen muß. Gerade an diesem Beispiel, dem Pflegen und Hüten eines Tieres durch Kinder, wird oft versucht, die Rollenfestlegung von Mädchen zu demonstrieren. In der Tat sind z. B. vor allem an Plätzen, wo es Ponys oder Pferde gibt, also in Reitställen, auf Jugendfarmen oder, wenn es ihn noch gibt, beim Bauern in der Nähe fast immer mehr Mädchen anzutreffen als Jungen. Ob es sich dabei allerdings um Neigungen oder Festlegungen handelt, die durch Rollenerziehung bestimmt sind, wage ich nicht endgültig zu entscheiden. Dasselbe trifft auf die schon im Kleinkindalter einsetzende Betreuung von Puppen zu.

Nicht von ungefähr dürfte es kommen, daß die allerersten Spielsachen, die es für Kinder gab, kleine, aus Holz, Stoffresten oder Stroh gemachte Puppen waren. Seit alters her ist das Puppenspiel – bei Erwachsenen – bei den verschiedensten Kulturen und Völkern gepflegt worden. Stellt man sich vor, daß die Menschheitsentwicklung ihre „kleine" Entsprechung in der individuellen Entwicklung des einzelnen besitzt, so könnte man das Kindspiel mit Puppen als das Urspiel schlechthin bezeichnen.

Im Umgang mit Puppen verarbeiten Kinder nicht nur Alltagserfahrungen und Phantasien, leben dabei nicht nur ihre seelischen Empfindungszustände aus, sondern auch den hier beschriebenen Grundimpuls des Pflegens, Betreuens und Versorgens. Überzeugt bin ich davon, daß dieser Grundimpuls bei Mädchen und Jungen aus ihrem Innersten herauskommt und sich ausleben will. Dieser Impuls des Kindes muß sich nicht unbedingt auf ein Tier oder eine Puppe beziehen, sondern kann sich ebenso auf einen anderen Menschen hin ausprägen und sich dort entfalten.

Als ich etwa neun Jahre alt war, kam mein kleiner, damals einjähriger Neffe zu uns in die Familie und nahm dort den Platz eines kleinen Geschwisters ein. Noch sehr gut erinnere ich mich, wie ich mich geradezu auf alle versorgerischen Arbeiten gestürzt habe. Vom Fläschchen-Geben bis zum Wickeln bereitete mir alles gleichermaßen Spaß und wurde mit größter Ernsthaftigkeit erledigt. Den kleinen Kerl anzuziehen, ihn vielleicht sogar mal zu baden oder zu füttern, ja selbst oder gerade das Wechseln der Windeln waren ausgesprochen spannende und aufregende Dinge, bei denen ich ehrliche und tiefe Befriedigung empfand.

Auch die Pflege eines kleinen Stückchen Gartens oder die Pflege von Zimmerpflanzen, wie sie manche Kinder mit Begeisterung tun, gehören zur Erfüllung und Bearbeitung dieses Grundthemas.

4. Entdecker- und Erfindergeist

Vielleicht wissen wir Erwachsene auch deshalb so wenig über die Kinder in der mittleren Kindheit, weil sie in dieser Zeit mit aller Macht aus dem als langweilig und eng erlebten familiären Umfeld herausstreben. Haben Kinder mit vier, fünf und sechs Jahren sich so gut wie nie aus der Sicht- oder Rufweite der Eltern herausbegeben, ihre Nähe und körperliche Zuwendung toleriert oder auch gesucht, ihnen fast alles, was sie erlebt haben und beschäftigt, mitgeteilt, so ändert sich dies nun schnell und oft radikal. Sie drehen nun den Eltern den Rücken zu, es treibt sie an neue Ufer.

Der Zaun, die Mauer oder der Häuserblock, an dem all die Jahre die Welt aufhörte – genau *hinter* diese zu schauen ist jetzt ein unbezwingbarer Anreiz. Fast täglich, wann immer es die Zeit zuläßt, wird auf Erkundungstour gegangen. Man dringt vor zu bisher nie erreichten Straßen und Stadtvierteln. Baustellen, Abbruchhäuser, Waldstücke und Gebüsche werden ebenso entdeckt und erkundet wie Tiefgaragen, Keller, Dachböden, Kanalröhren, Gleisanlagen oder U-Bahnhöfe.

Mit allergrößter Aufregung und Spannung, und nachdem ich mich lange nicht getraut hatte, bin ich damals nicht an der Straßenbahnhaltestelle ausgestiegen, an der ich sonst immer ausstieg, um nach der Schule nach Hause zu gehen. Ich mußte einfach wissen, was dahinter kam ...! Mit schlagendem Herzen die Endhaltestelle erreicht, wartete ich dort eine Ewigkeit, bis die Bahn wieder zurückfuhr, um dann, viel zu spät, zu Hause anzukommen, empfangen mit der ebenso unangenehmen wie lästigen und täglich wiederkehrenden Frage „Wo bist du gewesen?".

Diese Frage drückt das ganze Spannungsfeld zwischen Eltern und Kindern in diesem Alter aus! Die Jahre der mittleren Kindheit sind voll von unzähligen solcher Entdeckungsreisen, sowohl was das räumliche Umfeld des Kindes betrifft als auch was das „Innenleben" der verschiedensten Alltagsgegenstände anlangt. Vor allem das Interesse der Jungen in diesem Alter, Gegenstände und Geräte des täglichen Lebens auseinanderzuschrauben und zu zerlegen, ist schier nicht zu bremsen und richtet, weil auch vor durchaus intakten Geräten nicht Halt machend, oft mittlere bis große „Flurschäden" an.

Dieser Drang, hinter die Dinge zu schauen, ihr Innenleben zu entdecken, gilt auch für die Mädchen diesen Alters, wenn sie z. B. eine ihrer bisher so geliebten Puppen auf die Beschaffenheit und Anzahl ihrer inneren Organe hin untersuchen.

Mit ebenso enthusiastischer Begeisterung werden aber auch die phantastischsten Werkzeuge, Geräte und Vorrichtungen erfunden. Vorrichtungen, die mit scharfsinnigst ausgekügelten Selbstauslösemechanismen z. B. dem Lehrer beim Eintreten ins Klassenzimmer einen Eimer Wasser überschütten, stehen – zumindest in der Phantasie – zu allen Zeiten hoch im Kurs. Daneben werden aber auch Werkzeuge oder Geräte erfunden, die die Mühsal des täglichen Lebens etwas mildern sollen, vom Nußknacker mit einem alten Hammer, der auf einer wild zusammengebastelten Stellage befestigt wird, bis hin zu allerlei Jagd- und Fanggeräten, wie wir sie schon aus dem Abschnitt „Jagen und Sammeln" kennen.

Die Beispiele ließen sich fast beliebig fortsetzen und noch um viele Kuriositäten, ja Abstrusitäten ergänzen, die selbst für uns Erwachsene noch viel von ihrer Abenteuerlichkeit besitzen. Es ist aber wohl schon jetzt deutlich geworden, daß es sich bei dem Thema Entdecker- und Erfindergeist um den Ausdruck von Kindern handelt, sich ihre räumliche und gegenständliche Welt anzueignen, indem sie bereist, erforscht und entdeckt wird. Durch die Erfindungen von allerlei Geräten und Werkzeugen drückt sich auch die Freude darüber aus, bestimmte Zusammenhänge begriffen zu haben und mit ihnen *konstruktiv* umzugehen.

5. Handwerk und Handel

In sehr engem Zusammenhang mit dem oben erwähnten Erfindergeist und dem Spaß, etwas selbst zu bauen, steht auch das Thema „handwerkliches Tun". Dabei geht es den Kindern oft weniger um das Produkt, als zumindest anfänglich darum, die handwerkliche Technik zu begreifen und zu lernen. Natürlich gilt auch hier die alte Weisheit „learning by doing".

Alle zwei Jahre veranstaltet die Organisation „Terre des hommes" in Stuttgart ein riesiges Kinderfest, das durch viele verschiedene ortsansässige Einrichtungen der Kinder- und Jugendarbeit gestaltet wird. Seit vielen Jahren wird dort eine Handwerkerstraße aufgebaut, in der Kinder mauern, schmieden, schreinern, Wolle spinnen oder töpfern können. Und fast jedes Jahr machten wir die Erfahrung, daß gerade diese klassischen Handwerkstätigkeiten eine magische Anziehungskraft auf Kinder ausüben. Die einzelnen Stände waren während des gesamten Festes stark frequentiert, so daß sich die Handwerkerstraße zu einer Art Kernstück dieses großes Kinderfestes entwickelte.

Auch hier wird immer wieder behauptet, das interessiere nur Jungen – Mädchen würden allenfalls durch Stricken, Knüpfen oder Schneidern angesprochen. Wo immer ich jedoch derartige Beobachtungen machen konnte, lag der Verdacht nahe, daß es wohl mehr eine rollenerzieherische Auswirkung war und keine mädchen- oder jungentypischen Neigungen a priori.

Ich habe mit vielen Jungen genäht oder Wolle verarbeitet, ebenso wie ich mit Mädchen Hasenställe oder Wagen gebaut habe; allerdings in einem Rahmen, der sich der Beobachtung der Eltern entzog.

Vielleicht noch ein kurzes Wort zum Thema Basteln, das ja immer auch mit Kindern diesen Alters in Verbindung gebracht wird. Basteln ist eben nicht wie „richtiges" Sägen oder „richtiges" Tonen und wird nach meiner Erfahrung auch von den meisten Kindern so erlebt. Möglicherweise liegt es daran, daß das Basteln eben sehr oft die Herstellung von „Accessoires" des täglichen Lebens zum Inhalt hat und seine Techniken und Materialien oft verfremdet sind. Kinder wollen aber richtig hämmern und richtige Dinge des Gebrauchs herstellen.

Die bald seit Jahrzehnten in Spielwarenläden erhältlichen Knetmassen sind dafür ein Beispiel: Sowohl der Rohstoff als auch die Verarbeitungsart und ihre spätere Verwendbarkeit sind verfremdet und unterscheiden sich von denen des Töpferns grundlegend. Es ist also nicht das Basteln, wie es in fast jedem Kindergarten praktiziert wird, sondern das richtige Handwerk, das von den Sechs- bis Dreizehnjährigen gesucht und versucht wird und das hier gemeint ist.

Auch das, was mit „Handel" ausgedrückt werden soll, hat nur sehr wenig mit dem Kaufladen der drei- bis fünfjährigen Kinder zu tun, zumindest aber hat es eine ganz neue Dimension erhalten. Wenn die Kinder der mittleren Kindheit irgendwo an der Straße ihren Laden errichten oder Autos anhalten, um Zölle zu erheben oder irgend etwas zu verkaufen, so ist dies in ihrer Vorstellung ein echtes Gewerbe und ein auch preislich kalkulierter Handel. Die Waren, die dort offeriert werden, sind entweder selbst gemacht, gesammelt oder aus dem eigenen Besitz, von dem man sich eh trennen wollte. Manchmal handelt es sich auch um Gekauftes, das dann wegen des höheren Preises, den man erhebt, einen Gewinn erzielen soll, dessen Verwendung meist schon vorher ausgemachte Sache ist.

Wie erfinderisch die Kinder diesen Handel oft betreiben, demonstrierte uns ein etwa acht- bis neunjähriger Junge, der uns für die Tiere, die wir auf unserer Jugendfarm halten, Heu anbot. Selbstverständlich hatte er uns eine Handvoll – als Qualitätsnachweis sozusagen – mitgebracht. Auf die Bemerkung, daß wir für die vielen Tiere ja größere Mengen bräuchten, machte er sich wieder davon, um nach etwa einer halben Stunde mit einer ganzen Kiste voll Heu anzurücken, die er für 5.- DM anbot. Unsere freundlichen, aber doch unmißverständlichen Argumente, daß der Preis doch ziemlich hoch sei, wir selber ja Heu hätten und wir, weil wir eine gemeinnützige Einrichtung wären, ja auch sehr sparsam wirtschaften müßten, trieben ihn nicht nur etwas in die Enge, sondern auch dazu, seinen allerletzten Verkaufstrumpf auszuspielen: Hastig und in der Geschwindigkeit etwas unartikuliert, gab er noch zu bedenken, daß der Erlös für das Heu für . . . „Welt für die Brot" (!) sei.

6. Freundschaften, Gruppen und Banden

Schon bei unserem kleinen entwicklungspsychologischen Exkurs sind wir im Zusammenhang mit der Aneignung sozialer Fähigkeiten auf dieses dominierende Thema der Gruppen- und Bandenbildung bei Sieben- bis Zwölfjährigen gestoßen. Sei es aufgrund der eigenen Erinnerungen an diese Zeit oder auch anhand der unzähligen Beispiele in der Literatur, in Romanen oder in Biographien, das Phänomen ist uns bestens bekannt.

Die Struktur dieser Gruppen kennzeichnet oft, daß es sich um Kinder gleichen Alters und gleichen Geschlechts handelt. Sie treffen sich nach der Schule oder in den Ferien bereits morgens und verbringen dann ihre gesamte Freizeit miteinander, all den Leidenschaften frönend, die in den vorigen Abschnitten bereits beschrieben sind. Neben diesem Gruppenleben oder auch im Wechsel zu ihm werden aber auch Zweierfreundschaften, ebenfalls mit Gleichaltrigen und Gleichgeschlechtlichen, eingegangen, die in ihrer Intensität, ihrer Unverbrüchlichkeit und Ausschließlichkeit das des Bandenlebens oft noch übertreffen. Hier kommt es häufig zu ersten schicksalshaften Begegnungen mit Freunden oder Freundinnen, die einen das ganze Leben hindurch begleiten, auch wenn diese Freundschaften in der Kindheit großen Intensitätsschwankungen unterworfen sind.

An meinem ersten Schultag saß ich mit einem Jungen zusammen in einer Bank, mit dem mich heute noch die längste und wohl eine der intensivsten Freundschaften verbindet. Am zweiten Schultag, morgens kurz vor Unterrichtsanfang, hattte ich diesen Jungen mit einem anderen verwechselt, zu dem ich mich in die Bank setzte. Meinen Irrtum erst während der Stunde bemerkend, fand ich aber bald wieder zur richtigen Bank, und es begann eine Schulzeit und Freundschaft mit allen Höhen und Tiefen: verbissen geführte Ringkämpfe, ja Schlägereien, bei denen ich mich oft nur durch Davonrennen retten konnte – er war zwar immer stärker als ich, ich aber dafür schneller –, gehörten ebenso in diese typische Jungenfreundschaft wie unverbrüchliche Solidarität beim Aushecken und Durchführen irgendwelcher Pläne. Diese Freundschaft war, wie sich heute in der Retrospektive zeigt, weichenstellend für ganze Lebensbereiche, die sich mir im Verlauf der bisherigen gemeinsamen Zeit eröffneten, so hatte sie z. B. maßgeblichen Einfluß auf meine Berufswahl und meine heutige berufliche Tätigkeit.

In der Gruppe der Gleichaltrigen wie auch in diesen ersten wirklich engen Freundschaftsbeziehungen werden Grundformen menschlichen Zusammenlebens erprobt, erlernt und erfahren, übt sich Toleranz und die Fähigkeit zur friedlichen Koexistenz ein, vorausgesetzt, sie wird positiv unterstützt, z. B. durch ein entsprechendes Familienklima.

Es gibt eine ganze Reihe von Sozialwissenschaftlern, die beispielsweise Phänomene wie jugendliche Bandenbildung mit krimineller Ausprägung oder auch Beziehungsschwierigkeiten gravierender Art nicht allein Fehlentwicklungen in der frühen Kindheit zuschreiben, sondern daneben auch den Störungen und nicht bewältigten Ereignissen dieses Kindheitsthemas „Freundschaften, Gruppen und Banden". Auch tauchen echte soziale „Außenseiter" erst in dieser Kindheitsphase auf. Sie müssen dabei keinen offensichtlichen „Makel" oder irgendeine augenscheinliche Besonderheit besitzen, sondern können diese Rolle auch nur deshalb zugeschrieben bekommen, weil sie die Besten in der Klasse sind oder weil ein Elternteil eine bekannte Person des öffentlichen Lebens ist. In dieser Zeit, in der das Kind vor allem in Verbindung mit der Gruppe den Eltern „den Rücken zudreht", reicht es häufig schon aus, wenn einem Jungen oder Mädchen der Ruf eines „Mamakindchens" anhaftet, um es aus der Gruppe auszugrenzen.

Auf die Rolle des Erwachsenen und seine Hilfs- und Einwirkungsmöglichkeiten während dieser Phase werden wir später noch einmal zurückkommen.

7. Körpererfahrungen

Die Vorstellung, daß Kinder zwischen sechs und zwölf Jahren in einer körperlichen Ruhephase (Latenzzeit) leben, ist zumindest was ihren Bewegungsdrang betrifft und die unzähligen neuen Dinge, die sie nun mit ihrem Körper anzufangen lernen, widerlegt. Welche motorischen Fähigkeiten sich Kinder in dieser Zeit aneignen, ist wirklich bemerkenswert, und die Versäumnisse werden nur noch schwer, manchmal auch gar nicht aufgeholt. Die meisten Kinder, die in dieser Zeit beispielsweise das Schwimmen nicht gelernt haben, werden es sich auch als Erwachsene nicht mehr beibringen lassen. Das gleiche gilt wohl auch fürs Radfahren, Schlittschuh- oder Rollschuhlaufen, fürs Gehen auf Stelzen, Tauchen oder für jedwede Art von Ballspielen. Nicht, daß ein Erwachsener all diese Dinge nicht mehr lernen könnte, aber der Zugang ist erheblich schwerer, und bis man zu einigermaßen befriedigenden Ergebnissen kommt, liegt ein langer, mühsamer Weg vor einem. Unzählige erwachsene Skischüler haben nach dem dritten Skikurs mit neidischen Blicken auf das blicken müssen, was ihnen ein Kinderanfängerkurs da vorfuhr.

Körpererfahrungen werden jedoch nicht nur im Bewegungssportlichen gemacht. Kinder lernen in dieser Zeit das Pfeifen ebenso wie das Rülpsen, mit den Fingern zu schnippen ebenso wie das Schielen. Augenzwinkern oder andere witzige, kuriose und oftmals schwierige körperliche Verrenkungen werden geübt und solange probiert, bis man sie auch kann.

Der eigene Körper wird in einer völlig neuen Art entdeckt und erlebt, wozu natürlich auch Spiele gehören, die geschlechtsorientiert sind, ohne daß sie dabei einen wirklich sexuellen Charakter hätten. Ich glaube, daß das „Doktorspielen" bei Mädchen wie Jungen gleichermaßen verbreitet ist und auch unter dem Thema der Körpererfahrung wichtig und völlig normal ist.

Bezugnehmend auf die ersten Kapitel dieses Buches kann der von vielen Allgemein- und Schulmedizinern festgestellte Bewegungsmangel heutiger Kinder neben der Verstädterung auch auf die Versuchungen der neuen Medien zurückgeführt werden.

8. Phantasiewelten

Neben der in allen Richtungen zu erobernden realen Welt leben Kinder auch in einer zweiten Welt, einer Phantasiewelt. An die Stelle der Märchen, die schon vor der eigentlichen mittleren Kindheit große Bedeutung besitzen, treten nun Sagen und Geschichten, romanartige Erzählungen und Mythen früherer Menscheitsepochen.

Diese Sagen und Geschichten kommen von ihren Bildern und Inhalten her den realen Lebenserfahrungen der Kinder nun näher als die der Märchen. Sie werden jedoch ebenso wie die Märchen früherer Jahre intensiv aufgenommen und bestimmen die Phantasien der Kinder.

Durch ihre größere „Realitätsnähe" beeinflussen ihre Personen und Inhalte das Spiel der Kinder stark und liefern eine Art Muster für die Sichtweise der eigenen Person und die Sichtweise anderer.

Die eigentliche Verarbeitung der Inhalte und des Wesens dieser Sagen und Geschichten vollzieht sich aber zu einem Großteil im gemeinsamen Spiel und im kreativen Tun der Kinder.

Zu einem Verständnis oder Verstehen der Inhalte führt nicht der Intellekt, sondern die kreative Reproduktion einzelner Themen, Aspekte oder Personen der Geschichte. Dies geschieht bei Kindern auf die vielfältigste Art, sie reicht vom einfachen Nacherzählen – oft auch nur sich selbst – übers Malen, Tonen oder Bauen bis hin zum szenarischen Nachspielen. Dabei werden oft kleine, dem Erwachsenen als unwichtig erscheinende Teile oder Aspekte reproduziert.

All diese Formen der kreativen Reproduktion dienen der Verarbeitung der erfahrenen Erlebnisse und ihrem Verständnis. Sie werden im Ausagieren unbewußt auf ihre Bedeutung und Wichtigkeit hin erfahren und aussortiert.

Auch hier stellt sich die Frage, ob die audiovisuelle Aufnahme von Geschichten, wie sie das Fernsehen den Kindern tagtäglich zum Konsum anbietet, das leisten kann. Ich meine nein, denn ihre Qualität ist eine völlig andere. Die Bilder, deren sich diese Sendungen bedienen, sind in einer erdrückenden Form realistisch, die Fülle übergroß, das Tempo ihrer Aufnahme unerbittlich festgelegt. Aber vor allem geben die fernsehvermittelten Geschichten den Kindern nichts, aber auch gar nichts an die Hand, was ihnen den Schritt zur kreativen Reproduktion ermöglichen oder erleichtern würde.

Die Vermutung liegt daher nahe, daß diese Form der Geschichten sich eher wie ein Berg an „Unverdautem" im Kind ansammelt, vergleichbar mit einem Haufen Süßigkeiten: Nährwert gering, Zuckergehalt groß. Gelingt es uns aber z. B., den Kindern die Welt der Bücher nahezubringen, werden sie sich einen wahren Schatz an Geschichten erschließen können, der im Hinblick auf ihre Phantasiekräfte echte „Vollkornnahrung" darstellt.

Diese Aufzählung von Erlebnisthemen der mittleren Kindheit, die ja gleichzeitig auch die Abenteuerwelten dieser Kinder darstellen, ist sicher nicht vollständig und ließe sich auch noch erweitern. Trotzdem gibt sie uns einen Einblick in die unmittelbaren Erfahrungswelten der Kinder, die für uns als Eltern und Pädagogen deswegen Bedeutung haben, weil wir aufgefordert sind, auch die Lebensjahre der mittleren Kindheit zu begleiten, mitzugestalten, sie zu füllen, um zu einer erfüllten Kindheit beizutragen. Wer sich am Anfang dieses Kapitels erhoffte, mit völlig neuartigen, unbekannten Themen konfrontiert zu werden, wird vielleicht enttäuscht sagen, „das ist ja alles längst bekannt". In der Tat – und zwar im doppelten Sinne. Einmal weil wir vieles aus der Erinnerung an die eigene Kindheit wiedererkennen, und zum anderen, weil es uns an menschheitsgeschichtliche Themen erinnert. Die ersten fünf Themen behandeln Grundstufen in der kulturellen Entwicklung der Menschheit. Sie reichen von der Zeit der Jäger und Sammler bis hin zur großen Epoche der Entdecker und Erfinder, die die Verfeinerung handwerklicher Betätigungen und den Handel mit sich brachten. Es scheint so, als ob hier ein „genetischer Erfahrungsschatz" weitergereicht und spielerisch entdeckt und bearbeitet wird. Wir könnten es vielleicht auch als eine Art Urwissen um unsere Ursprünge bezeichnen, das sicher unbewußt, aber trotzdem wirksam in diesen Themen ihren Ausdruck und Niederschlag findet, oder als eine Art Mikrokosmos des einzelnen Menschen, der in einen Makrokosmos der Gesamtmenschheit eingebunden ist.

Die Rolle des Erwachsenen in der mittleren Kindheit

Das Spannungsfeld zwischen Loslassen und Halten ist vielleicht das Generalthema jeglichen erzieherischen Tuns überhaupt. So verwundert es also nicht, wenn wir uns auch im Zusammenhang mit der Rolle des Erwachsenen in der mittleren Kindheit vor allem mit diesem Spannungsfeld auseinandersetzen müssen. Jedes Erlauben und Verbieten in der Erziehung ist auch eine Frage des Loslassens und des Haltens. Weil aber das Loslassen im richtigen Augenblick genauso wichtig ist wie das Halten in bestimmten Situationen, und weil es eben in der Erziehung – wie übrigens auch in der Beziehung zweier Menschen – auf die Balance zwischen diesen beiden Grundmustern ankommt, ist es so schwer, immer zu wissen, was nun das richtige Verhalten ist.

Schon ganz früh, wenn Kinder beispielsweise laufen lernen, sehen wir Erwachsene uns zigmal am Tag der Entscheidung gegenüber, ob wir das Kind halten, um einen vielleicht schmerzhaften Sturz zu verhindern, oder es alleine laufen lassen, um ihm damit das beglückende Gefühl zu ermöglichen, „ich stehe auf eigenen Beinen, ich hab's selber und ganz ohne Hilfe geschafft".

Diese Fragen werfen sich nun in einer ganz neuen Dimension

auf, wenn wir Kindern der mittleren Kindheit gegenüberstehen. Erwachsene sind in der Spielsituation dieser Altersgruppe geradezu verpönt. Die Kinder wollen ohne die Erwachsenen auf ihre Streifzüge und Erkundungstouren gehen, sie wollen ihre Hütten und Lager möglichst versteckt vor den Augen der Großen bauen, bespielen und bewohnen. Auch werden sie sorgsam auswählen, was sie den Eltern erzählen und was sie als kleines oder großes Geheimnis für sich behalten wollen.

Es gilt, dies zu akzeptieren und ihnen den Raum zu lassen, die nun anstehenden Themen auch auszuleben. Das erfordert von uns Erwachsenen, wach und sensibel zu sein für die Freiräume, die die Kinder nun benötigen, ihnen Möglichkeiten zu schaffen, ihre Erfahrungen in dem gerade anstehenden Thema auch intensiv zu machen, ihnen die Materialien zur Verfügung zu stellen, mit denen sie vor allem auch ihre handwerklichen und kreativen Impulse erleben können.

Natürlich wird es auch unsere Aufgabe sein, im einen oder anderen Fall klare Grenzen zu setzen und diese nicht durch unser eigenes Verhalten aufzuweichen. Kinder brauchen diese Grenzen, diesen Rahmen, den zeitlichen Rhythmus und die geordneten Abläufe genauso wie sie die Freiräume darin benötigen. Dabei erweisen wir ihnen einen echten Dienst, wenn wir auch Anforderungen an sie stellen, indem wir ihnen beispielsweise Alltagsaufgaben übertragen, die sie selbständig und regelmäßig erledigen können und sollen. Denn auch wenn sie sich vordergründig dagegen auflehnen, so entsteht doch in ihnen das Gefühl, eine richtige Aufgabe wahrzunehmen und mit der Anforderung das Gefühl von Wichtigkeit und „Ich kann etwas“.

Vielleicht ist die Übernahme von Alltagsaufgaben in der heutigen Kindergeneration auch deshalb nicht mehr so verbreitet, weil eine drei- oder vierköpfige Familie mit all dem haushaltstechnischen Standard schon lange nicht mehr in dem Maß auf die Mithilfe ihrer Kinder angewiesen ist wie das früher der Fall war. Und trotzdem läßt sich Alltagskompetenz eben nur durch die schrittweise Übernahme von Alltagsaufgaben gewinnen, einmal ganz abgesehen vom Selbstwertgefühl, das sich bei Kindern durch die Erledigung dieser Aufgaben heranbilden wird.

Wenn hier über die Rolle des Erwachsenen für die Sechs- bis Dreizehnjährigen gesprochen wird, so kann es sich dabei nicht darum handeln, Schemata, Rezepte oder unumstößliche Verhaltensregeln aufzustellen, sondern eben nur darum, sich ein besseres Verständnis von der Welt zu verschaffen, in der unsere Kinder in dieser Phase leben. Ihnen in den daraus resultierenden Bedürfnissen gerecht zu werden, ist eine Sache, um die sich jeder Erwachsene, der mit Kindern diesen Alters zu tun hat, fast täglich bemühen muß. Aus dem bisher Beschriebenen kann sich deshalb der Leser oder die Leserin bestenfalls die Sensibilität für die Themen der mittleren Kindheit, für ihre Abenteuer- und Erlebniswelten und die sich daraus ableitenden Bedürfnisse aneignen. Je nachdem, ob ich in meinem erzieherischen Verhalten eher dazu neige, aus Angst oder Ängstlichkeit Erlebnis- und Erfahrungsräume einzuengen, indem ich bestimmte Dinge verbiete, oder ob ich eher dazu neige, die Grenzen zu weit zu stecken, in denen dann Kinder keinen Rahmen und keine geordneten Abläufe mehr erkennen können und deshalb die Gefahr der „Haltlosigkeit“ entstehen kann – je nachdem werde ich auch mein pädagogisches Verhalten korrigieren können. Verbindliche Regeln gibt es nicht, aber Regeln, die aus einem echten Verständnis für die Situation, die Bedürfnisse und die Individualität des Kindes entspringen, sind auf jeden Fall die besten, auch wenn Müllers, Meiers und Schmidts in einzelnen Erziehungsfragen zu anderen Ergebnissen kommen.

Anstöße für eine Abenteuerpädagogik in Familie und Kinderalltag

Es sind in den letzten Jahren eine Vielzahl von Büchern erschienen, die Eltern und Pädagogen Hilfestellungen und Ratschläge für die Arbeit und den Umgang mit Kindern geben. Besonders begrüßenswert ist dabei auch der Trend, Kindern ökologische und natürliche Zusammenhänge wieder näherzubringen, indem Erwachsenen hierzu Tips und Anleitungen an die Hand gegeben werden.

Wenngleich mit Sicherheit nicht alles gleichermaßen brauchbar ist, was uns da angeboten wird, so wächst doch die Einsicht und Sensibilität für die Notwendigkeit, solche Inhalte im Erziehungsalltag zu vermitteln und ihnen mehr Aufmerksamkeit zu schenken als bisher.

Ein paar kritische Anmerkungen will ich an dieser Stelle noch zur oft zitierten und proklamierten „Erlebnispädagogik" machen. Ihr Ansatz besteht vor allem darin, über Angebote wie Kanufahren, Klettern, Rafting, Segeltörns etc. eine Erlebnisintensität – vornehmlich für Jugendliche – zu schaffen, die sich deutlich vom Alltag abhebt, ja auch ein wenig nach dem Spektakulären schielt. Natürlich können alle diese Aktivitäten ein hohes Maß an Abenteuer beinhalten, jedoch sind sie damit auch meilenweit vom Lebensalltag von Kindern und Jugendlichen entfernt. Die Zugänglichkeit und Verfügbarkeit derartiger Betätigungen ist erheblich erschwert und oftmals nur mit hohem Material- und Kostenaufwand zu erkaufen. Dabei muß auch die Frage aufgeworfen werden, ob es denn sinnvoll und pädagogisch richtig ist, über derartige „Extra-Kicks" die Spirale (nach der alles immer noch spektakulärer, ausgefallener und extravaganter sein muß) noch zu beschleunigen. Fast alle diese erlebnispädagogischen Maßnahmen sind zudem sehr jungenspezifisch orientiert, indem sie Fähigkeiten fordern und fördern, die einem eigentlich überholten Männerbild von Härte, Gefährlichkeit etc. Vorschub leisten.

Der Versuch, im letzten Teil dieses Buches Lesern und Leserinnen Anstöße für eine Abenteuerpädagogik zu geben, ist nicht als ein

Versuch zu sehen, eine rezepthafte Auflistung von Aktionen mit Kindern zu erstellen. Auch konzentriert er sich nicht auf die klassischen Bereiche wie Spiele, Spielzeug oder Sport mit Kindern. Sondern es soll versucht werden, den Blick auf Gebiete zu richten, an die wir vielleicht zunächst gar nicht denken: die Welt der Elemente Erde, Feuer, Wasser, Luft, den Rhythmus der Jahreszeiten und die Welt der Naturkreisläufe mit ihren großen und kleinen Abenteuern.

Dabei wäre es vermessen, auch nur annähernd alle Möglichkeiten hier darstellen zu wollen, die uns aus diesen drei großen Gebieten für den Alltag mit Kindern erwachsen. Deshalb kann immer nur an einzelnen Beispielen verdeutlicht werden, welches Erlebnispotential sich hinter ihnen verbirgt.

Einen Raum zu schaffen, in dem Kindern wenigstens in Ausschnitten die in diesem Buch behandelten Abenteuerwelten erschlossen werden, versuchen die pädagogisch betreuten Spielplätze wie Jugendfarmen und Aktivspielplätze. Deshalb gilt ihnen der letzte Abschnitt, quasi als Beispiel, Modell und Anregung zur Nachahmung.

Das Abenteuer der Elemente

Das mit der Welt der Elemente ist eigentlich eine eigenwillige Sache. Obgleich sie über unser gesamtes Leben hindurch unaufhörlich um und in uns wirken, ja vielleicht sogar als die Haupttriebkräfte aller natürlichen, aber auch einer Unmenge technischer Prozesse bezeichnet werden können, springen sie uns nur selten als solche ins Auge. Wir sind uns ihrer Allgegenwart kaum bewußt und erkennen sie oft gar nicht mehr in den Vorgängen, mit denen wir täglich zu tun haben. Aufmerksam werden wir auf sie oft erst dann, wenn sie uns mit Katastrophen erschüttern und als eine Urgewalt in Erscheinung treten, die wir glaubten, in dieser hochtechnisierten Welt längst im Griff zu haben. Stürme, Überschwemmungen, Feuersbrünste oder etwa Vulkanausbrüche, bei denen Feuer und Erde gemeinsam unsägliche Gewalten entwickeln, lassen uns dann für einen kurzen Moment der Elementargewalten wieder bewußt werden.

Feuer, Wasser, Erde und Luft haben aber auch ihre „stillen“ und unscheinbaren Seiten, z. B. die Luft, die wir atmen, die Flüssigkeit, die wir trinken und speichern, die lebenswichtigen Stoffe und Spurenelemente, die wir aufnehmen über die Kette Erde-Pflanze/Tier-Mensch. Strenggenommen ist auch das Element Feuer in Form von Verbrennungsprozessen in unserem Körper präsent.

Vor allem für Kinder geht von den vier Elementen eine ausgesprochen große Faszination aus. Ein Feuer fordert Kinder immer wieder dazu heraus, ihm neue Nahrung zuzuführen und auszuprobieren, was wie brennt, ob etwas brennt oder sich eine Fackel zu machen, um im wahrsten Sinne des Wortes „mit dem Feuer zu spielen". Fast unerschöpflich sind auch die Möglichkeiten, die das Wasser Kindern zum Spielen und als Erlebniswelt bietet.

Wir werden jedoch im folgenden ausführlicher auf dic Erlebniswelten eingehen, die die Elemente bieten. Dabei ist es nicht nur die Faszination, die für Kinder augenscheinlich von ihnen ausgeht, sondern auch ihre Vielgestaltigkeit und die nahezu allgegenwärtige Verfügbarkeit, die sie so bedeutsam und gleichzeitig wertvoll machen.

Das Abenteuer Feuer

Vielleicht besteht ein großer Teil der Faszination des Feuers gerade auch darin, daß wir zwar seine Wärme spüren und sein Licht sehen können, daß wir seinen verzehrenden Charakter in der Asche, die vom Holz übrig bleibt, erkennen können, es selbst aber nie zu greifen bekommen, es nicht anfassen können, womit das Feuer sich immer ein Stück *Unfaßbarkeit* bewahrt, wir es eigentlich nie ganz *begreifen* können.

Jeder von uns hat diese schmerzhafte Erfahrung wohl als kleines Kind am eigenen Leibe und in erster Linie dann an den Fingern machen können. Die Kinder im schulpflichtigen Alter wissen dies bereits und halten die richtige Distanz zum Feuer, was sie jedoch nicht davon abhält, die verschiedensten Experimente mit dem Feuer anzustellen. Nahezu alle verfügbaren Materialien werden auf ihre Brennbarkeit hin untersucht, nichtbrennbare werden erhitzt, bis sie glühen, und natürlich wird auch ausprobiert, mit was man dem Feuer Herr werden kann, wie man es löschen oder ersticken kann.

Daß diese Art von Experimenten ihre Gefahren in sich birgt, ist ein Allgemeinplatz, macht aber auch einen Gutteil des Abenteuercharakters aus. Gerade deshalb ist es vielleicht auch so wichtig, unseren Kindern das „Zündeln" nicht einfach zu verbieten, sondern mit ihnen zusammen immer wieder ein Feuer zu machen, sie zwar auf die Gefahren hinzuweisen, aber ihnen genauso auch das Experimentieren zu ermöglichen. Dazu gehört nicht nur die endlose Reihe an Testversuchen über brennbare und nicht brennbare Stoffe, dazu zählen auch alle Möglichkeiten des Kochens und Backens. Sich einen Tee mit selber auf dem Feuer erhitztem Wasser zu machen, Kartoffeln zu braten, Steine zu erhitzen, auf denen dann Fladen oder anderes gebraten wird, all das machen Kinder mit Begeisterung. Aber auch weniger funktionale Versuche sind mindestens genauso spannend für Kinder. Was man zum Beispiel allein mit einem ausrangierten Topf alles anfangen kann, werden Ihnen Ihre Kinder eindrucksvoll vormachen, denn es reicht von den Löschversuchen über die Zubereitung einer „Erdwassersuppe" bis hin zum Glühendmachen des Metalls.

Wenn wir irgendwo einmal die Möglichkeit haben, ein wirklich großes und heißes Feuer zu machen, so können wir unseren Kinder auch einmal ganz praktisch zeigen, wie Keramik gebrannt wird. Allerdings müssen wir hierzu einen sehr stark schamotthaltigen Ton nehmen, aus dem wir dann kleine Figuren oder einen kleinen Becher mit den Kindern formen können. Die nicht zu großen Gegenstände werden dann unmittelbar am Feuer vorgetrocknet – besser noch werden sie schon ein oder zwei Tage vorher geformt – um sie dann mitten im heißesten Teil des Feuers zu brennen. Der eigentliche Brennvorgang dauert relativ kurz, so daß wir die Stücke nach etwa einer halben Stunde mit einem langen Stock aus den Feuer holen können. Durch den hohen Schamottanteil (40 %), der die beim Abkühlen auftretenden Spannungen ausgleichen kann, können wir die Gefäße oder Figuren nach dem Brennen auch ins Wasser werfen, um sie abzukühlen.

Dieses Verfahren der Keramik-Herstellung kommt aus Japan und heißt Raccu-Technik, wobei üblicherweise die Tonsachen in einem einfachen, leicht selber zu bauenden Ofen gebrannt werden. Weil es aber hier lediglich darum geht, anschaulich zu machen, wie Ton gebrannt wird, ist die oben beschriebene Art genauso möglich. Für ältere Kinder gibt es eine Vielzahl von Möglichkeiten, das Element Feuer spielerisch in seinen vielen, vor allem auch technischen Einsatzmöglichkeiten zu erfahren. Hier können aus leichtem Draht und Seidenpapier richtige Heißluftballons gebaut werden, die mit einem Wattebausch und etwas Spiritus angetrieben werden und bis zu 100 Meter hoch steigen können. Oder es kann ein Eierdampfer gebaut werden, der aus einem ausgeblasenen Ei, das auf einem Drahtgestell liegt, und einem Styroporstück besteht. Indem ein Teelicht das mit etwas Wasser gefüllte und nur an einem Loch offene Ei erhitzt, wird ein zwar nicht so schneller, aber durchaus funktionstüchtiger Antrieb installiert.

All das gehört jedoch schon zu den schwierigeren und diffizileren Zusammenhängen, in denen das Element Feuer eingesetzt wird. Daß wir ohne das Feuer weder Eisen, Keramik oder Glas herstellen können, daß das Auto ja nur deshalb fährt, weil ein Verbrennungsprozeß seinen Motor in Bewegung setzt, und daß Menschen mittels komplizierter Verbrennungsvorgänge einer Rakete die Erdatmosphäre verlassen konnten, steht sicher erst am Ende der Auseinandersetzung mit dem Feuer und nicht im Mittelpunkt dessen, was hier als das Abenteuer Feuer beschrieben werden soll.

Auch in den folgenden Abschnitten über die Erde, das Wasser und die Luft stehen nicht die spektakulären Zusammenhänge im Vordergrund, sondern vielmehr ganz einfache und fundamentale, aber trotzdem abenteuerliche Erfahrungsmöglichkeiten.

Das Abenteuer Wasser

Fast einen Gegenpol zum Feuer stellt das Wasser dar, das auf viel unmittelbarere Art erlebt werden kann. Seinen lebensspendenden Charakter „erfährt“ das Kind schon im Mutterleib, in dem es sich im Fruchtwasser geschützt und erwärmt entwickelt. Für fast alle Kleinkinder ist das Gebadetwerden dann auch eine sehr lustvolle Angelegenheit, die sie gerne und mit Lachen über sich ergehen lassen. Wasser wird aber auch als trinkbare Nahrung erfahren, womit es eigentlich einen völlig gegenteiligen Charakter zum Feuer hat, das uns immer auf Distanz hält.

So haben Kinder, sofern sie nicht durch eine schlimme Erfahrung Ängste gegenüber dem Wasser haben, zunächst eine Art vertrauensvolle Ur-Beziehung zum nassen Element. Es wird von ihnen gesucht, wo immer sie es antreffen, in Pfützen, Regenfässern, Seen oder selbst im Putzwasser, mit dem die Treppen naß gewischt wurden.

Mit den Gefahren, die vom Wasser ausgehen können, müssen Kinder erst langsam vertraut werden. Sie lernen, daß es sehr heiß oder eisig kalt sein kann, daß es reißende Bäche oder gefährliche Strudel bilden kann und daß es so verschmutzt sein kann, daß sein Genuß zu ernsthaften Krankheiten führt.

Auch hier ist es das Spannungsfeld zwischen dem lebensspendenden und lustgewinnenden Charakter eines Elements einerseits und seinen gesundheits-, ja lebensbedrohenden Gefahren andererseits, die den Abenteuercharakter ausmachen und bestimmen.

Die spielerische und experimentierende Auseinandersetzung der Kinder mit dem Wasser setzt schon früh ein, mit der sich rapide entwickelnden Zunahme motorischer Fähigkeiten. Die Kinder der mittleren Kindheit beschäftigen sich zwar auch noch damit, Staudämme zu errichten oder Wasserlabyrinte im Sand und mit Erde zu bauen, jedoch steht bei ihnen mehr und mehr die Herausforderung im Vordergrund, seine Energien zu nutzen und dieses Element zu beherrschen, indem man sich auf und in ihm bewegt. Hinzu kommt, daß Kinder in dieser Altersstufe schon sehr genau um den Lebensraum Wasser wissen, den dieser für Tiere und Pflanzen darstellt. Ihn zu entdecken und zu ergründen, scheuen sie keinen Aufwand und nehmen manche nasse Hose dafür in Kauf.

Die vor allem für Stadtkinder eingeschränkten Möglichkeiten, diesen Lebensraum wirklich zu entdecken oder sich seemännisch und „seefrauisch" zu erproben, sollten wir Erwachsene dadurch ausgleichen, daß wir an Wochenenden und im Urlaub mit den Kindern Gegenden besuchen, die solche Aktivitäten unserer Kinder zulassen. Schon ein kleiner Bach bietet ihnen eine Vielzahl an Möglichkeiten zum spielerischen Erfahren des Elementes Wasser. Ob dort nun ein kleines Wasserrad aus zwei Astgabeln und einer Obstkiste gebaut wird, mit Rindenstücken eine „Bachregatta" veranstaltet wird oder die Aufmerksamkeit der Entdeckung der verschiedenen Lebewesen im Bach gilt, ist dabei alles gleichermaßen spannend.

Der Wunsch, sich mit einem womöglich selbstgefertigten Wasserfahrzeug einmal aufs Wasser hinauszuwagen, entsteht bei fast allen Kinder und wird dann mit allerlei mehr oder weniger tauglichen Mitteln versucht. Es muß nicht gleich eine gemietetes Boot oder Kanu sein, mit Hilfe dessen dieser Wunsch erfüllt werden kann, wenngleich gerade eine Kanufahrt ihren ganz besonderen Reiz hat. Denn der Bau eines auch noch so improvisierten Wasserfahrzeugs stellt schon an sich ein Abenteuer dar. Hierfür eignen sich die verschiedensten Materialien, angefangen von einem einfachen, mit Packschnur zusammengebundenen Floß über den Einsatz verschiedenster Schwimmkörper, wie sie Autoreifenschläuche, Styroporplatten oder -blöcke, kleine Plastik- oder Blechfässer oder ähnliches darstellen, bis hin zu Plastikwannen, wie man sie zum Kinder-Baden verwendet.

Der Möglichkeiten gibt es viele, und oft ist der Einfallsreichtum der Kinder in diesem Alter weit größer als der von uns Erwachsenen. Diese Möglichkeiten aber erst einmal grundsätzlich unseren Kindern zu erschließen, dies ist wohl mehr und mehr die Aufgabe von Eltern und Pädagogen, wenn wir nicht wollen, daß die Kindheit unserer Kinder um derartige Erfahrungen und Abenteuer verarmt.

Auch sollten wir bedenken, daß Kinder sich diese Welten am liebsten in der Gesellschaft Gleichaltriger erschließen. Wir können als Eltern unseren Kindern, auch wenn wir es noch so wollten, diese Gleichaltrigenbeziehung nicht ersetzen. Das sollten wir vielleicht auch bei der Planung unseres nächsten Urlaubs oder Ausflugs berücksichtigen.

Das Abenteuer Erde

Nicht nur die griechische, sondern auch viele andere Mythologien bedienen sich im Zusammenhang mit der Erde des Begriffs „Mutter". Die Mutter Erde, der Schoß der Erde oder die Ernährerin Erde sind Bilder, die sich auf das Wesen der Erde als nahrungsspendenden, lebensgebärenden und -erhaltenden Organismus beziehen. Dabei ist es oft gar nicht so ganz klar, welcher Bedeutungsteil des Begriffs eigentlich gemeint ist: die Erde als Ganzes, als Planet mit all seinen Tieren und Pflanzen, oder: allein der Boden, auf dem wir stehen und in dem die Pflanzen wachsen. Vielleicht ist es kein Zufall, daß der Begriff zwei Bedeutungsinhalte hat und in diesem Zusammenhang auch nicht notwendig, sich auf einen der beiden allein zu beziehen. Das Element Erde, um das es hier geht, ist sowohl Sand, Humus und Lehm wie auch Stein und Mineralie, ist der Lebensraum unter ihr wie über ihr, ist Berg, Schlucht und Höhle zusammen.

Im Gegensatz zu Feuer und Wasser wird die Erde uns und vor allem den Kindern zunächst einmal als ein weniger spannendes Element erscheinen, weil ihre Dynamik erst in einem längeren Zeitabschnitt erkennbar ist, wohingegen das Wasser und mehr noch das Feuer eigentlich fast immer in Bewegung sind.

Selbst dem einfallslosesten Stadtplaner fällt bei der „Gestaltung" von Spielflächen in der Stadt noch der Sandkasten ein, auch wenn er ansonsten nichts von den Spielbedürfnissen von Kindern versteht. Und in der Tat gibt es wohl kein Kind, das nicht ausgiebig im Kindergarten, im eigenen Garten oder auf einem Spielplatz mit Sand gespielt hat. Diese Sandkastenspiele haben neben ihrer gestalterischen Komponente vor allem auch die einer sinnlichen Erfahrung. Den Sand zwischen den Händen rieseln zu lassen, seine Feuchtigkeit, Wärme oder Kühle zu spüren, sich einzubuddeln im Sand oder eine Sandhöhle oder -burg zu bauen, all das gehört in den Bereich der ersten sinnlichen Erfahrung mit dem Element Erde. Dazu gehört natürlich auch, in der Erde zu buddeln, über eine Wiese zu krabbeln und später zu laufen, den Geruch der Erde, des Grases oder des Waldes zu riechen oder die ersten Regenwürmer, Käfer oder Schnecken zu fangen.

Für die älteren, schulpflichtigen Kinder ist es dann vor allem auch der Lebensraum Erde, den sie – sofern wir ihnen dazu die Möglichkeiten geben und dies fördern – mit großem Interesse entdecken und erforschen und deren Abenteuer sie erleben.

Auch wer ohne Garten und Balkon in einem Wohnumfeld lebt, in dem es vielleicht wirklich nur noch versiegelten Boden gibt, kann seinen Kindern in einem Blumentopf oder einer Pflanzschale erlebbar machen, wie aus einem Samen in der Erde eine Pflanze gedeiht, kann im gestalterischen Arbeiten mit Ton – bei dem wir uns auch darüber freuen dürfen, wenn unsere Kinder „nur herummatschen" – dieses Element Erde nahebringen.

Als großes Abenteuer erleben Kinder fast immer den Gang in eine Höhle oder in ein unterirdisches Gewölbe. Aufregend ist es, die unterirdische Kälte zu empfinden, die veränderten Schallverhältnisse auszuprobieren und mit der Taschenlampe höhlenforscherartig vorzustoßen.

Das gleiche gilt auch für die Ersteigung eines Berges. Wenn es uns gelingt, ohne die Kinder damit zu überfordern, sie für diese ebenso faszinierende wie gewaltige Welt der Berge zu begeistern, kann diese Kindheitserfahrung Schulung und Bereicherung gleichermaßen für sie bedeuten. Denn die Erfahrung, nur mit Willenskraft, Ausdauer und dem sorgsamen Einteilen der eigenen Kräfte ans Ziel, sprich auf den Gipfel, zu kommen, stellt eine fast therapeutische Erfahrung dar, die ihre Entsprechung in fast allen Aufgaben findet, die im Laufe eines Lebens an einen gestellt werden. Aber auch die Erfahrung und Erkenntnis, daß das Ziel nicht alles ist, daß der Weg das Ziel bedeuten kann und daß die Umkehr auf einem einmal begonnenen Weg manchmal mehr Mut erfordert als ihn weiterzugehen, dies alles können wir beim Bergsteigen lernen und unseren Kindern vermitteln.

Welche vollkommenen Formen, welche glitzernden und funkelnden Gebilde die Erde hervorbringen kann, können wir Kindern z. B. bei der Suche nach Versteinerungen und Mineralien erlebbar machen. Dabei schwingen sicher auch der „Entdecker-" und der „Sammlerimpuls" mit, der Kinder oft mit Leidenschaft Steine suchen und sammeln läßt.

Dies sind nur einige wenige Anstöße, das Element Erde für Kinder zu erschließen und ihnen dabei zu helfen, die unzähligen Wunder und Abenteuer, die die Erde für uns bereithält, zu entdecken. Daß Kinder hierfür unserer Hilfe und Anregung bedürfen, ist augenscheinlich, auch wenn sie sich vieles selbst und auf eigene Faust erschließen.

Mit den Elementen Wasser und Erde ist das Luftelement der dritte Lebensspender unter den Grundelementen. So richtig bewußt wird Kindern das Element Luft eigentlich erst durch den Wind, weshalb wir uns hier auch auf ihn konzentrieren wollen.

Es ist natürlich auch hierbei in erster Linie der spielerische Umgang mit dem Wind, den Kinder suchen und für den sie sich begeistern. Und noch bevor sie in der Lage sind, sich einen Drachen zu bauen, können wir vor allem jüngere Kinder z. B. mit sogenannten Sonnenfliegern großen Spaß bereiten. Sie sind denkbar einfach mit Kindern herzustellen. Alles, was wir brauchen, ist ein Stoffrest von der Größe eines Suppentellers, etwas Sand, ein kleines Stückchen Schnur und ein paar bunte Streifen Krepp-Papier. Nun wird aus dem Stoff und dem Sand ein etwa hühnereigroßes Säckchen mit der Schnur zusammengebunden, wobei wir etwa 40–50 cm lange und 2–3 cm breite Krepp-Papierstreifen an ihrem einen Ende mit einknoten. Wenn wir nun diese Säckchen in die Luft werfen, flattern die Krepp-Papierstreifen lustig im Wind. Mit diesen Sonnenfliegern läßt sich im übrigen auch ganz gut Indiaka spielen, wenngleich ihre Lebenserwartung dadurch etwas leidet. Neben diesen Fliegern und den etwas anspruchsvolleren Drachen lassen sich noch eine ganze Reihe anderer Luftspielzeuge auch selber leicht herstellen: angefangen bei einfachen Papierfliegern über die schon erwähnten Heißluftballons bis hin zu Bumerangs und richtigen Windrädern, die, wenn sie groß genug sind und gut genug gebaut sind, einen Fahrraddynamo antreiben können, der dann wiederum eine kleine Glühbirne zum Leuchten bringen kann. Für all diese Luftspielzeuge gibt es gute Fachbücher (z. B. Beckstein 1991, Feder 1982), mit denen wir den Kindern das Element Luft näherbringen können.

Dort, wo wir die Möglichkeit haben, ihn aufzustellen, können wir uns auch einmal mit Kindern an einem Wetterhahn versuchen, der sich dann, auf einem Metall- oder Holzstab befestigt, in einem etwas größeren Rohr drehen kann. An ihm können einfache Wetterbeobachtungen gemacht werden, anhand derer Kinder nicht nur die Himmelsrichtungen lernen können, sondern auch, woher Wind, Föhn und Regen kommen.

Mit Kindern die Jahreszeiten erleben

Frühling, Sommer, Herbst und Winter bringen für Kinder jeweils eigene jahreszeitspezifische Erlebnisse und Betätigungsfelder. Jede Zeit hat für sich ihren Reiz, ihre Spiele, ihre Aktivitäten und somit auch ihre eigene Spannung, ihre eigenen Abenteuer. Dabei macht einen Gutteil dieser Spannung die Tatsache aus, daß es eben in der Regel nicht immer möglich ist, in einem See zu schwimmen oder Schlittschuh laufen zu gehen, sondern diese Betätigungen eben bestimmten Jahreszeiten vorbehalten bleiben. Es muß daher nicht in jeder Hinsicht ein Gewinn sein, wenn wir durch immer ausgeklügeltere Techniken und einen immer größeren Aufwand diese jahreszeitlichen Konturen immer stärker nivellieren und ihnen das spezifische Profil nehmen. Im Januar Erdbeeren essen, Sommerskifahren, Wärmefreibad im Winter – all das mag auch zur Verblassung jahreszeitlicher Charakteristika beitragen.

Bevor wir uns den vielseitigen Möglichkeiten zuwenden, mit Kindern die verschiedenen Jahreszeiten zu erleben, diesen größten, äußeren und bewußt-wahrnehmbaren Zeitrhythmus, sei noch etwas zum Wesen des Rhythmus und seiner Bedeutung für den Menschen gesagt. Gesundheit und Rhythmus sind nicht nur sehr eng miteinander verknüpft, es läßt sich auch am Beispiel der Gesundheit das Wesen und die Kraft des Rhythmus für den Menschen sehr gut veranschaulichen: Im Zustand des Krankseins, wenn uns etwas fehlt, wir nicht mehr unbeschwert dem nachgehen können, was wir uns vorgenommen haben, erfahren wir eigentlich erst so richtig, was Gesundheit für uns bedeutet. Ganz ähnlich ist es mit dem Rhythmus: Erst wenn wir einmal aus dem Tritt geraten, wird er uns bewußt, wir fühlen uns aus dem Gleichgewicht gebracht, unwohl, erschöpft.

Bei körperlicher Arbeit und beim Sport merken wir die Bedeutung des Rhythmus ganz besonders: Haben wir einmal einen Rhythmus gefunden, geht uns vieles leichter von der Hand. Den richtigen Rhythmus zu haben bedeutet, im Einklang zu sein mit seinen eigenen Zyklen wie auch mit den Zyklen seiner Umwelt, hier vor allem mit den natürlichen Zyklen wie Tag und Nacht.

Wir können uns deshalb leicht vorstellen, daß gerade für Kinder das Leben in den verschiedenen Rhythmen noch von größerer Bedeutung ist als für uns Erwachsene. Jede Art von natürlichem Rhythmus gibt den Kindern Orientierung und Halt. Ausgeglichenheit und Regelmäßigkeit tragen zu einem besseren Umgang mit der Zeit und zur Ökonomie der Kräfte bei. Wir sollten daher generell darauf achten, unseren Kindern zu einem Rhythmus der Schlaf- und Wachzeiten, der Mahlzeiten und zu einem Tages- und Wochenrhythmus zu verhelfen.

Den Jahreszeitenrhythmus können Kinder schnell begreifen. Er spiegelt so offensichtlich den Wechsel zwischen wachsen, blühen, sich vermehren und sterben, daß es oft nur kleiner Anstöße bedarf, um den Kindern eine Vorstellung von Kreislauf und Rhythmus zu vermitteln, auch, daß es nicht immer Sommer sein kann, daß es des Alterns und des Winters bedarf, um neues Leben zu ermöglichen.

Frühjahr

Es liegt in der Natur der Sache, daß die Jahreszeiten eben vor allem draußen in der Natur zu erleben und zu beobachten sind. Für das Frühjahr gilt dies in besonderer Weise, weshalb uns viele der Anstöße, die hier exemplarisch als „Erlebnishilfen" für Kinder gegeben werden, nach draußen führen.

Neben all den jetzt vor allem fürs Auge wahrnehmbaren Frühlingsboten ist es auch der erdige Geruch, der den Frühling begleitet, und auf den wir Kinder ruhig auch einmal hinweisen sollten, ihn bewußt zu riechen. Jede Woche treiben nun neue Pflanzen ihre Blätter aus, und schon sehr früh können wir Kindern die ersten Blütenpflanzen auf Spaziergängen und kleinen Wanderungen zeigen. Auch Kinder sind in dieser Zeit besonders wach und interessiert an dem, was sich draußen tut, so daß wir in dieser Zeit nicht versäumen sollten, ihnen den ersten Huflattich, die ersten Krokusse, Schneeglöckchen oder Weidenkätzchen zu zeigen oder ihnen an den Haselsträuchern den Unterschied zwischen den knospenartigen weiblichen und den kätzchenbildenden männlichen Blüten zu erklären.

Für viele Kinder wird es jedoch ungleich spannender sein, etwas selber anzupflanzen und wachsen zu lassen. Dazu braucht es wirklich keinen Garten, sondern lediglich ein paar Blumentöpfe, etwas

Erde und einen nicht zu dunklen Platz im Zimmer. Die Möglichkeiten sind dann wirklich sehr groß und reichen vom Kresseanbau, für den oft nicht einmal Erde notwendig ist, bis hin zum Großziehen von Sonnenblumen, Osterglocken oder einer Tomatenpflanze, was alles gleichermaßen einfach mit Kindern zu kultivieren ist. Je kürzer die Wachstumsperioden sind, desto dankbarer und erfolgversprechender sind solche Aktivitäten mit Kindern.

Untrennbar ist mit dem Frühling das Osterfest verbunden. Als germanisches Fest war es ein Fest der nun anbrechenden Zeit der Fruchtbarkeit, und als solches hat es heute noch viele Symbole aus dieser Ursprungszeit, denken wir nur an das Ei als die Zelle der Fruchtbarkeit schlechthin.

Wenn wir mit Kindern Ostern feiern, so sollten wir diese Zusammenhänge für sie erlebbar machen. Das kann zum Beispiel dadurch geschehen, daß wir eineinhalb bis zwei Wochen vor dem Osterfest mit den Kindern in eine Pflanzschale Grassamen einsäen, um ihnen dann an Ostern in diese kleine Wiese ein paar Eier hineinzulegen. Wo der Brauch des Osterfeuers gepflegt wird, ist es eine ideale Gelegenheit, den Kindern im beschützten Rahmen ein schönes und großartiges Feuer-Erlebnis zu ermöglichen.

Neben der Pflanzenwelt ist natürlich auch bei den einheimischen Tieren eine ganze Menge geboten, was wir mit Kindern jetzt entdecken können. An sonnigen Tagen werden wir schon ganze Schwärme von Bienen bei den Weidenkätzchen beobachten können, wobei oft der ganze Strauch in ein andauerndes, fast lautes Summen gehüllt ist. In Parks, Gärten und Wäldern können wir, ohne ewig auf der Lauer zu liegen, Vögel beim Suchen von Nestmaterial beobachten. Mit etwas Glück und Geduld können wir den emsigen Nestbauern folgen und herausfinden, wo sie ihr Nest bauen. Ein kleines Fernglas kann uns dabei gute Dienste leisten und dafür sorgen, daß wir die Vögel nicht allzu sehr stören.

Auch hier wird durch das Selbertun der Kinder das Erlebnis ungleich intensiver und spannender, so daß wir, wenn wir es irgendwie bewerkstelligen können, mit den Kindern einen Nistkasten bauen sollten, in den jetzt, wenn er am richtigen Ort aufgehängt wurde, Stare, Meisen, Gartenrotschwänze oder gar Kleiber Einzug halten werden.

Mit dem fortschreitenden Jahr „fallen immer mehr Hüllen" auch oder gerade im Tierreich. Wer zum Beispiel einen Hund hat, wird ihm jetzt beim Fellwechsel durch häufigeres Bürsten behilflich sein. Sollte irgendwo in der Nähe ein Schäfer oder besser noch ein Hobby-Schafhalter sein, so erkundige man sich rechtzeitig, wann er seine Schafe schert. Die oft handwerklich-grobe Art, in der dies bei Schäfern geschieht, ist nicht immer geeignet, um Kindern dieses Erlebnis richtig zu vermitteln. Um so aufregender, lustiger und wirklich interessanter ist es jedoch für sie, die Schur hautnah bei jemandem mitzubekommen, der seine Schafe aus Leidenschaft und einer inneren Beziehung heraus hält. Den Kreislauf Schaf – Wolle – Kleidungsstück dabei zu erkennen, ist ebenso spannend wie die Erfahrung zu machen, daß die frisch geschorene Wolle ganz fettig ist, und zu wissen, daß es sich dabei um eine der wertvollsten Grundsubstanzen für Kosmetika handelt, nämlich um das Lanolin.

Das Literaturverzeichnis im Anhang dieses Buches gibt eine kleine Auswahl an Buchtiteln wieder, die Anregungen und oft auch ganz konkrete Anleitungen geben, wie mit Kindern gerade im Bereich Naturerleben eine Vielzahl interessanter und spannender Dinge erlebt werden können.

Sommer

Sollten wir im Frühjahr mit den Kindern ein kleines Beet bestellt haben, so kann ab Juni die erste Ernte von Radieschen erfolgen oder der erste selbstangebaute Salat verspeist werden. Kirschen und Erdbeeren als Früchte, die von fast allen Kindern gerne gegessen werden, beginnen zu reifen, so daß wir mit den Kindern mindestens einmal auf ein Selbstpflück-Erdbeerfeld gehen sollten.

Es ist die Zeit des Lichtes und des Feuers, die Johannizeit, in der am Tag der kürzesten Nacht die Sonnwendfeuer entzündet wurden. Obgleich dieser Brauch nur noch sehr selten zu beobachten ist, kann er – wie das Osterfeuer – für die Kinder einen sehr abenteuerlichen Spaß bedeuten, den wir ihnen ohne großen Aufwand vermitteln können, denn ein Feuer ist für sie ja immer auch Herausforderung und Experimentierfeld.

Seinen Höhepunkt an Wärme erreicht der Sommer aber erst nach der Sommersonnwende im Juli und August. Nun sind Teiche und Seen so warm, daß wir mit den Kindern darin schwimmen können, ein Erlebnis, das sich doch deutlich von einem städtischen Hallen- oder Freibad unterscheidet.

Mittags kann es nun so warm werden, daß alles stillzustehen scheint, Tier, Mensch und Natur in Ruhe verharren, bis der Nachmittag wieder ein erstes Lüftchen bringt und die Schatten wieder länger werden. Vor allem in südlichen Ländern steht zu dieser Zeit wirklich alles still, es ist die Stunde des Pan, um es in der griechischen Mythologie auszudrücken. Nach deren Vorstellung konnte es vorkommen, daß dieser behaarte Waldgott mitten in der heißen Mittagsstille erschien und dann für *panischen* Schrecken sorgte. Kinder sind für solche besonderen Stimmungen oft viel sensibler, und tatsächlich ist es ja auch eine ganz besondere, sommerspezifische Erscheinung, diese „Stunde des Pan".

Zu einem Erlebnis ganz besonderer Art können Sie Kindern nun verhelfen, wenn Sie mit ihnen einmal eine Nacht unter freiem Himmel verbringen. Ein ungewöhnlicher Anstoß? Ja, und doch wieder eigentlich sehr simpel.

Mit einer Nachtwanderung mit Taschenlampen kann es beginnen, in der gerne Gespenstergeschichten erfunden und erzählt werden. Zum Schlafen (im Schlafsack, mit oder ohne Zelt) eignen sich alle Orte an Wald- oder Wiesenrändern, aber auch an einem freien Platz, notfalls in einem Garten. Neben dem Lärm der Zikaden und Schrecken können wir viele andere nachtaktive Tiere hören. Vor allem die Morgendämmerung bietet Gelegenheit, scheuere Waldtiere zu beobachten oder einfach nur dem Morgenkonzert der verschiedenen Vögel zuzuhören. Für fast alle Kinder ist so eine Nacht ein unvergeßliches, spannendes und sehr abenteuerliches Ereignis, an das sie noch lange viele Erinnerungen haben werden.

Der August gilt zudem als der Monat, in dem man die meisten Sternschnuppen beobachten kann, und man weiß ja, daß man sich bei jeder Sternschnuppe etwas wünschen darf, das, wenn man darüber schweigt, auch in Erfüllung gehen wird . . .

So wird eine Nacht unter freiem Himmel Anlaß zu einer Vielzahl verschiedenster Beobachtungen sein und die Zeit zum eigentlichen Schlafen sicher sehr kurz.

Wer einmal ein wenig Aufmerksamkeit all den Vorgängen und Ereignissen schenkt, die sich zu dieser Zeit draußen in der Natur abspielen, dem wird hierzu noch vieles einfallen, was mit Kindern zusammen unternommen und erlebt werden kann.

Herbst

Im September und Oktober kündigt sich der Herbst an mit dem Reifen des Obstes und der Ernte von allerlei Gemüse wie Kartoffeln, Tomaten oder Kohl. Zunächst unmerklich beginnen sich die Blätter zu färben, bis sie in wahre Feuerfarben getaucht ein prachtvolles Bild des herbstlichen Laubwaldes abgeben. Ein solcher Laubwald ist auch der Ort für das Eichhörnchenspiel, das wir mit einer Gruppe von sechs bis über zwanzig Kindern spielen können. Seine Spielidee ist dabei dem winterlichen Existenzkampf des Eichhörnchens abgeschaut, das sich im Herbst die Nahrungsmittelvorräte für den Winter anlegen muß. Dies geschieht mittels zweier unterschiedlicher Strategien, deren jeweiliger Erfolg im Spiel überprüft werden wird: Entweder man legt sich viele verschiedene Depots mit einer geringen Menge von Nahrung an, oder es wird quasi alles auf eine Karte gesetzt, indem alle Vorräte an einem Versteck deponiert werden.

Beim Eichhörnchenspiel teilen sich die Kinder in zwei gleich große Gruppen ein, die einen sind die roten, die anderen die schwarzen Eichhörnchen. In einem Gebiet von mindestens zehn auf zehn Metern bedienen sich nun die roten Eichhörnchen der „Ein-Depot-Strategie" und die schwarzen der „Mehr-Depot-Strategie". Jedes Eichhorn versteckt fünfzehn entweder rot oder schwarz gekennzeichnete Nüsse, Bohnen, Maiskörner oder Bucheckern innerhalb des Spielfeldes. Die schwarzen Eichhörnchen dürfen dabei pro Depot nur drei Nüsse verstecken.

Nun wird es Winter, und die Eichhörnchen benötigen für den Dezember drei, für den Januar vier und für den Februar fünf Nüsse, um überleben zu können. Jeder Monat wird jetzt in einem zweiminütigen Spieldurchgang simuliert. Dabei können alle Eichhörnchen sich aller Verstecke bedienen. Nach Ablauf der zwei Minuten, der zum Beispiel mit einer Pfeife signalisiert wird, tragen alle Eichhörnchen-Spieler ihre Funde zusammen, wobei wir aufschreiben, wieviel schwarze und wieviel rote Nüsse gefunden wurden. Spieler, die weniger als das Monats-Soll gefunden haben, stehen für verhungerte Tiere und müssen ausscheiden.

Am Ende des Spiels werten wir zusammen die Erfahrungen aus, indem wir die Anzahl der gefundenen schwarzen und roten Nüsse und die übriggebliebenen schwarzen und roten Eichhörnchen zählen. Dabei können wir auch herausfinden, welches der härteste Monat für die Tiere war.

Dieses natur- und lebensnahe Spiel, das – abgewandelt – dem Buch „Biologie im Freien" entnommen ist (Kuhn/Probst/Schilke 1986), kann auch noch in verschärfter Form mit Futterräubern, wie sie Mäuse, Eichelhäher oder Specht darstellen, gespielt werden.

Ein solches Spiel sensibilisiert Kinder nicht nur für die Bedeutung des Herbstes als Erntezeit und Zeit der Bevorratung für den kommenden Winter. Nicht zuletzt mußte sich ja auch der Mensch vor noch gar nicht so langer Zeit intensiv um eine ausreichende Winterbevorratung bemühen. Auch dies können wir Kindern spannend und spielerisch vermitteln, indem wir mit ihnen die zahlreichen Techniken der Haltbarmachung ausprobieren. Hierzu gehören Nüsse sammeln und Äpfel einlagern, aber auch das Einkochen und Einlegen der verschiedensten Gemüse- oder Obstarten.

Winter

Mit der Weihnachtszeit und dem ersten Schnee beginnt der Winter und eine Zeit, in der Kinder sich eher drinnen aufhalten. Davon ausgenommen sind natürlich alle die Beschäftigungen, die den Winter benötigen, als da sind Ski- und Schlittenfahren, Schlittschuhlaufen, Schneemann- und Schneehausbauen. Wir sollten Kinder dazu auch ermutigen und ihnen die notwendigen Hilfen geben, denn diese Aktivitäten machen nicht nur Spaß, sondern intensivieren auch das jahreszeitliche Erleben. Dazu gehören die Kälte des Winters, wenn der Schnee unter den Füßen knirscht und Eisblumen auf den Scheiben wachsen, das lautlose Fallen des Schnees, der alles zudeckt, aber auch die Einfarbigkeit der Landschaft, wenn sie fast nur noch aus Grau-, Braun-, Weiß- und Schwarztönen besteht.

Durch die frühe Dämmerung und die langen Nächte erhält auch das Licht große Bedeutung. Hier können wir mit den Kindern einmal die Zeit vor der Elektrifizierung simulieren und uns für einen Abend ausschließlich mit anderen Lichtquellen behelfen, mit Kerzen, Öllämpchen oder Gaslaternen. Kerzen und Öllampen können wir im übrigen auch leicht und ohne großen Aufwand mit den Kindern zusammen herstellen und zwar aus Wachs und Dochten bzw. aus Glasfläschchen oder selbstgemachten Tongefäßen.

Das frühe Dunkelwerden im Winter kann natürlich auch für eine große Anzahl von Spielen im Haus genutzt werden. „Mord im Dunkeln" ist ein solches und nicht annähernd so martialisch, wie es der Name vermuten läßt. Ein Detektiv und ein Mörder werden per Los ausgewählt, wobei letzterer sich natürlich nicht zu erkennen geben darf. Bis auf den Detektiv, der nun vor der Zimmertür auf sein Signal (z. B. ein Schrei oder Pfiff) wartet, bleiben alle anderen Spieler inklusive des Mörders im Raum. Das Licht wird ausgemacht, und jeder bewegt sich irgendwie im Zimmer. Der Mörder sucht sich nun sein Opfer, das er durch ein leichtes, kurzes Zwicken bestimmt. In diesem Augenblick schreit oder pfeift das Opfer, so daß der Detektiv sein Zeichen erhält. Alle Spieler haben mit dem Schrei in der Position zu verharren, in der sie im Moment des Schreies oder Pfiffes gerade waren. Der Detektiv macht sich nun bei Licht an die Arbeit, Opfer und Mörder zu finden. Geschickte „Mörder" überstehen viele Runden, wenn z. B. vorher vereinbart wurde, daß der Detektiv nur einmal oder dreimal – je nach Anzahl der Spieler – raten darf und er solange seine Rolle spielt, bis er entdeckt wird.

Aufregend und abenteuerlich kann auch eine winterliche Spurensuche sein, vorausgesetzt, es liegt Schnee und es steht ein einigermaßen unbegangener, schneebedeckter und mit dem einen oder anderen Versteck (Bäume, große Steine, Hügel etc.) ausgestatteter Platz zur Verfügung. Dabei macht eine kleinere schneefreie Stelle oder ein schneefreier Weg das Spiel unter Umständen noch interessanter. Es wird bei diesem Spiel in zwei Gruppen im Abstand von fünf bis zehn Minuten gestartet, wobei die erste Gruppe die „Spurenleger" sind und die zweite die „Jäger". Die Spurenleger (es sollten zunächst nur zwei sein) versuchen nun, ihre Spur so verwirrend wie möglich zu legen. Sie können sich dabei der verschiedensten

Finten wie Rückwärtsgehen, Spur-in-Spur-Gehen oder Huckepack bedienen. Auch sich in Bäumen oder über eine schneefreie Stelle zu bewegen, kann je nach Alter der Spieler durchaus erlaubt sein. Aufgabe der Jägergruppe ist es, die Spurenleger möglichst schnell zu finden, wobei es sinnvoll ist, die Spielzeit zu begrenzen. In weiteren Ausbaustufen dieses Spiels kann vereinbart werden, daß sich die Spurenleger auch trennen dürfen – was dann natürlich zur Aufteilung der Jäger führt – oder daß die Jäger anhand der Spuren bestimmte Aktivitäten der ersten Gruppe erkennen und herausfinden müssen.

Die Winterzeit war von jeher die Zeit, in der sich die Menschen Geschichten erzählt haben. Kinder sind dafür nun besonders aufnahmebereit, es sei hier nochmals auf die Wichtigkeit dieser Phantasiewelten für Kinder hingewiesen. – Mit dem Winter verhält es sich ähnlich wie mit dem Alter: Man lebt zu einem Teil von dem, was man sich das ganze Jahr (Leben) erarbeitet hat, im materiellen wie im immateriellen Sinne, von seinen Vorräten also. Was den Winter anbelangt, so können wir dies auch den Kindern vermitteln, wodurch ihnen sicher unbewußt erlebbar wird, daß sich hier ein Stück des Jahreskreislaufes und des Lebensrhythmus verbergen.

Das klassische Abenteuer-Spiel

Es verwundert nach alldem, was wir jetzt über die kindliche Entwicklung und ihren Zusammenhang mit der Suche nach Abenteuer wissen, nicht, daß gerade die „Klassiker" unter den Kinderspielen den Aspekt des Abenteuers sehr stark in ihrer Spielidee verinnerlichen. Einige dieser Klassiker sollen nachfolgend als Beispiele beschrieben werden. Dabei werden uns auch einige Grundthemen wieder begegnen, wie etwa das Jagen oder der Entdeckergeist.

Das eigentlich Spannende, Abenteuerliche dieser und der meisten Spiele generell entsteht dadurch, daß sich der Spieler oder die Spielerin im Spiel einer Ungewißheit und damit einem Risiko aussetzen muß, die es im Verlauf des Spiels zu bewältigen gilt. Spiele im Dunkeln, Nachtspiele oder solche, bei denen einem die Augen verbunden werden bzw. irgend jemand oder irgend etwas Spielentscheidendes der sinnlichen Wahrnehmung entzogen ist (einfachstes Beispiel: Verstecken), besitzen aus diesem Aspekt heraus schon ein hohes Abenteuerpotential. Auch Brett- und Gesellschaftsspiele, die drinnen zu spielen sind, bedienen sich deshalb fast immer dieses Elements. Doch nun zu einigen konkreten Spielklassikern, anhand derer das hier Gesagte noch deutlicher wird.

Bannemann ist eines der vielen Spiele, von denen sich nicht sagen läßt, wie alt sie denn tatsächlich sind. Das Spiel ist unter den verschiedensten Namen bekannt. Bei einer nahezu beliebigen Anzahl von Mitspielern ist es die Aufgabe des „Bannemanns", die anderen, sich versteckt haltenden Spieler, aufzuspüren. Dabei genügt es, daß er gesehen hat, wo sich wer versteckt. Gebannt wird, indem er seinen Fuß unter eine zuvor aus drei Stöcken errichtete Pyramide stellt und den Namen des Mitspielers unter Angabe seines Verstekkes laut ruft. Der so entdeckte Spieler muß sich nun in einen Bannkreis von etwa sechs bis zehn Metern Druchmesser begeben, der um die Stockpyramide gezogen wurde. Von dort kann er nur befreit werden, wenn ein anderer, nicht gebannter Mitspieler sich unbemerkt anschleicht und die Pyramide umstößt, bevor der Bannemann ihn ebenfalls bannen kann. Wird die Pyramide mehr als zweimal auf diese Art umgestoßen, hat der Bannemann verloren, gelingt es ihm jedoch, alle Spieler ausfindig zu machen, hat er gewonnen. Wie bei fast allen derartigen Spielen gibt es auch hier zahlreiche Variationen, die je nach Anzahl der Spieler, regionaler Tradition oder örtlichen Gegebenheiten gespielt werden.

Das gleiche gilt für die klassische *Schnitzeljagd*, die vor allem bei Freizeiten und Ausflügen gerne gespielt wird und deren Grundidee folgendermaßen ist: Durch Sägemehl, Hobelspäne, Tannenzapfen oder Pfeile aus Ästchen legt eine erste kleinere Gruppe eine Fährte mit Irrwegen und Sackgassen. In einem zeitlichen Abstand von etwa fünf Minuten folgt die zweite und größere Gruppe, deren Aufgabe es ist, die erste einzuholen und zu fangen, und zwar bevor diese ein vorher vereinbartes Ziel erreicht hat. Als Nachweis dafür, daß die Verfolger auch tatsächlich den Spuren gefolgt sind und sich nicht schnurstracks auf den Weg zum Ziel gemacht haben, kann vereinbart werden, daß sie auf ihrem Weg bestimmte Aufgaben erfüllen oder unterwegs deponierte Gegenstände einsammeln müssen. Gerade bei diesem Spiel existiert eine große Zahl abgewandelter Formen, die alle unter den Hauptbegriff Schnitzeljagd fallen.

Blinken oder *Irrlichter* heißt ein typisches Nachtspiel. Einige Spieler sind – mit einer Taschenlampe ausgerüstet – die Blinker, die anderen die Verfolger. Nach einem kurzen Vorsprung, den die Blinker eingeräumt bekommen, müssen diese ein Lichtsignal in Richtung der Verfolger schicken, das sie alle zwei bis drei Minuten wiederholen müssen. Durch diese Irrlichter und die eventuell erzeugten Geräusche geleitet, muß nun die Verfolgergruppe versuchen, die Blinker zu fangen. Dabei macht diesen das Blinken natürlich nur dann Spaß, wenn auch die Chance besteht, daß ihre Signale von den Verfolgern gesehen werden können. Es empfiehlt sich für dieses Spiel, einen festen Zeitrahmen zu setzen, nach dessen Ablauf sich alle wieder an einem ausgemachten Platz treffen. Danach können dann die Rollen getauscht werden. Es gibt auch eine Tagform des Blinkens, bei dem die Signale durch eine Pfeife oder Flöte ausgesandt werden, jedoch ist das Spiel bei Dunkelheit noch um ein Vielfaches spannender.

Das *Schatzsucherspiel* lebt sehr stark davon, wie gut es vorbereitet und durchdacht wurde und wie gut die gestellte Aufgabe auf das Alter und die Fähigkeiten der Kinder abgestimmt wird. Die Schatzsucher machen sich als Gesamtgruppe oder als konkurrierende Teilgruppen auf die Suche nach einem wertvollen, versteckten Schatz. Der Schatz kann dabei aus Süßigkeiten oder irgendeinem beliebigen Gegenstand bestehen, der durch Erwachsene unter Anfertigung eines Planes versteckt wird. Der Plan existiert aber nur noch in Einzelteilen, so daß es die erste Aufgabe der Schatzsucher ist, diesen zusammenzusetzen. Unterwegs können eine ganze Reihe zusätzlicher Aufgaben in das Spiel eingebaut werden, durch deren Lösung oder Bewältigung der Schatz erst geborgen werden kann. Mit etwas älteren Kindern (ab neun bis zehn Jahren) kann die Schatzsuche auch so gespielt werden, daß man sich in zwei Gruppen teilt, wovon jeweils die eine den Schatz der anderen versteckt und auch die entsprechenden Pläne anfertigt und die unterwegs zu bewältigenden Aufgaben ausdenkt.

Als kombiniertes *Räuber-und-Gendarm-Spiel* verstecken die Räuber den Schatz und halten sich in dessen Nähe auf. Dabei muß mindestens einer der Räuber in einem zeitlich festgelegten Abstand immer wieder zum Schatz hingehen. Die Gendarmen wissen nicht, wo das Versteck ist und können nur durch Verfolgung und Beobachtung der Räuber dem Schatz auf die Spur kommen. Dabei können sie die Räuber durch Abschlagen auch gefangennehmen, wobei sie dann gleichzeitig ihre wichtigsten Informanten verlieren. Das Spiel endet durch Ablauf einer vereinbarten Zeit oder wenn die Gendarmen den Schatz gefunden haben.

Aufsichtspflicht und Haftung

Manche Eltern oder Erzieher werden die Frage stellen, ob nicht vieles von dem, was für Kinder hier als wichtiges Abenteuer beschrieben wird, schlicht zu gefährlich ist. Ist das Zulassen oder gar Fördern derartiger Betätigungen von Kindern nicht schon eine Verletzung ihrer Aufsichtspflicht, für die sie im Schadensfall haftbar gemacht werden können?

Diese Fragen sind nicht nur berechtigt, sondern auch wichtig, weil sie uns dazu anregen, immer wieder unser erzieherisches Verhalten zu überprüfen und ggf. zu korrigieren. Gleichzeitig erfüllen wir dadurch einen wichtigen Grundsatz der Aufsichtspflicht, nämlich das Maß der Beaufsichtigung dem individuellen Stand des Aufsichtsbedürftigen anzupassen.

Wer sich einmal mit den gesetzlichen Vorschriften der Haftung und Aufsichtspflicht befaßt hat, dem ist sicher aufgefallen, daß es von Formulierungen wie „angemessen", „vernünftigerweise", „billigerweise", „zumutbar" oder „erforderlich" nur so wimmelt. Klare Handreichungen für den konkreten Fall geben uns solche Begriffe natürlich nicht, so daß wir vor allem auf unseren eigenen, gesunden Menschenverstand angewiesen sind. Verständlicherweise können hier nur einige Leitgedanken der Aufsichtspflicht wiedergegeben werden, und derjenige, der dieses Thema vertiefen will, muß auf die entsprechende Fachliteratur verwiesen werden.

Eltern wie Erzieher stehen bei der Frage nach der Aufsichtspflicht im Spannungsfeld, durch ein Zuviel an Aufsicht die Entwicklung des Kindes zur Selbständigkeit, Selbsttätigkeit und Selbstverantwortlichkeit massiv zu behindern – und durch ein Zuwenig an Aufsicht eventuellen Schaden des Aufsichtsbedürftigen oder gegenüber Dritten Vorschub zu leisten. Dabei besteht für Eltern wie für Pädagogen, denen die Personensorge übertragen wurde, bei Minderjährigen generell eine Aufsichtspflicht, und zwar unabhängig, ob es sich um ein dreijähriges Kind oder einen siebzehnjährigen Jugendlichen handelt. Daß diese Pflicht jedoch ganz unterschiedlich ausgestaltet werden muß, ist auch dem Gesetzgeber klar, und zwar hängt sie sowohl von den individuellen Gegebenheiten des Aufsichtsbedürftigen (Alter, Stand seiner geistigen Entwicklung und Erziehung, seinen Fähigkeiten und Eigenarten) wie auch von den Verhältnissen des Aufsichtspflichtigen und den Umständen der einzelnen Begebenheit ab. Für das Maß der Aufsichtspflicht sind also alle drei Faktoren wichtig. Eine Überwachung des Aufsichtsbedürftigen auf Schritt und Tritt ist nicht nur unrealistisch und unmöglich, sondern auch nicht zumutbar. Während demnach beispielsweise ein zweijähriges Kind beim Spielen noch einer besonders intensiven Beaufsichtigung mit regelmäßigen Kontrollen in kurzen zeitlichen Abständen bedarf, muß Kindern im Alter von acht oder neun Jahren das Spielen im Freien ohne Aufsicht auch dann gestattet werden, wenn es den Eltern nicht möglich ist, sofort und jederzeit einzugreifen; vorausgesetzt, das Kind ist normal entwikkelt. Es gilt hier also, sich in groben Zügen einen Einblick in das Tun und Treiben der Kinder zu verschaffen (BGH NJW 1984, 2574).

Deutlich strengere Anforderungen sind an die Aufsichtspflicht im Falle gefährlichen Spielens und Treibens zu stellen. Als solches gelten zum Beispiel das Spielen mit Speeren, Wurfpfeilen, spitzen Stöcken, Schleudern oder auch mit Feuer. Dabei muß jedoch wieder auf die Umstände des Einzelfalles verwiesen werden, das bedeutet, daß ein generelles Fernhalten von diesen Gegenständen nicht zwangsläufig erforderlich ist, sondern vielmehr kann gerade die Erziehung der Kinder zu verantwortungsbewußtem Hantieren mit solchen Gegenständen in vielen Fällen der bessere Weg sein (BGH NJW 1976, 1684).

Ein acht- oder neunjähriges Kind, das normal entwickelt ist, darf also durchaus mit Pfeil und Bogen schießen, wenn die Pfeile, die es verwendet, nicht spitz sind und wenn das Kind ausreichend und erfolgversprechend darüber belehrt wurde, damit nicht auf andere Personen zu schießen.

Beim Umgang mit Feuer sollten wir als Aufsichtspflichtige jedoch immer darauf achten, daß Kinder nicht bzw. wirklich nur unter sehr erschwerten Bedingungen in den Besitz von Streichhölzern oder Feuerzeugen gelangen. Da aber vor allem in diesem Zusammenhang der verantwortungsbewußte Umgang erzieherisch erreicht werden muß, sollten wir Kindern immer wieder die Möglichkeit geben, unter Aufsicht Feuer zu machen.

Wo immer ein Schaden durch den Aufsichtsbedürftigen oder an ihm selbst entsteht, stellt sich die Frage der Haftung und des Schadensersatzes. Zu umfangreich wäre es hier, auch nur ausschnitthaft aufzuzeigen, welche rechtlichen Folgen aus der Aufsichtspflichtverletzung erwachsen können. Deshalb sei hier lediglich auf die Möglichkeiten der versicherungsrechtlichen Absicherung hingewiesen.

In jedem Fall sollten sich Eltern, am besten durch eine Familienhaftpflichtversicherung, vor den etwaigen Schadensersatzansprüchen Dritter im Falle eines durch ihr Kind mittelbar oder unmittelbar herbeigeführten Schadens absichern. Pädagogen und Erziehern ist eine private Berufshaftpflichtversicherung zu empfehlen, sofern kein ausreichender Schutz durch den Anstellungsträger oder etwa durch die Mitgliedschaft in einer Gewerkschaft oder einem Berufsverband gegeben ist. Ebenfalls zu prüfen ist, ob eine ausreichende Unfallversicherung des Trägers besteht. Wenn nicht, sollten vor allem in Einrichtungen, die Freizeitmaßnahmen durchführen, Mitarbeiter eine private Unfallversicherung abschließen.

Jugendfarmen und Aktivspielplätze als beispielhafte Abenteuer-, Spiel- und Erlebnisräume

Es ist an verschiedenen Stellen dieses Buches der Begriff „Jugendfarm“ oder „Abenteuerspielplatz“ gefallen. Sie werden als ein Beispiel dafür genannt, daß es durchaus noch (oder besser: wieder) auch in Großstädten Plätze für Kinder geben kann, auf denen sie einen Großteil der hier skizzierten Abenteuerwelten erfahren und erspielen können. Auch deshalb soll den Abenteuerspielplätzen hier am Schluß noch einmal das Interesse gelten, sozusagen als Inseln in einer für das Kind verödeten Großstadtwelt, die ihnen nicht nur Spiel- und Erfahrungsräume genommen hat, sondern sie auch durch den ständig wachsenden Verkehr gefährdet.

Berlin und Stuttgart waren unabhängig voneinander Ausgangspunkte für die Entwicklung pädagogisch betreuter Spielplätze, von denen es nach ungefähren Schätzungen heute etwa 500 bis 600 in Deutschland gibt.

Es erstaunt dabei wenig, daß sich der erste dieser Abenteuerspielplätze in Berlin in einem Gebiet ansiedelte, das alle Kriterien neuerer städtebaulicher Sünden erfüllt, nämlich im Märkischen Viertel. Orientiert an den bereits schon lange vorher in England und Dänemark entwickelten Konzepten, versuchte eine Eltern- und Bürgerinitiative, einen Platz zu gestalten und für Kinder bereitzuhalten, auf dem sie Hütten bauen konnten, Feuer machen durften und sich durch die Hilfestellung von Pädagogen verlorengegangene Erlebnisräume sozialer und spielerischer Natur wieder erschließen konnten.

Zeitgleich und unabhängig davon wurde in Stuttgart die Jugendfarmidee geboren, allerdings mehr durch Kinder als durch Erwachsene. Ausgangspunkt war ein in privatem Besitz der Familie Boehm genutztes Gelände, auf dem sie ein paar Ponys hielten. Durch den Zustrom von Kindern aus der Nachbarschaft und die freundliche Aufnahme, die sie dort erfuhren, entstand die erste Jugendfarm, die sich erst Anfang der siebziger Jahre als öffentlich anerkannter und bezuschußter betreuter Spielplatz etablierte. Auch hier war die Intention, Kindern vor allem durch die Begegnung mit der Natur, mit Erde, Feuer, Wasser, mit Pflanzen und Tieren einen Entfaltungs- und Erlebnisbereich zu erschließen, der ihnen sonst nirgends mehr zur Verfügung stand und an dem sie ihre sozialen und kindspezifischen Bedürfnisse entwickeln konnten.

Heute sind diese beiden Urformen mehr und mehr miteinander vermischt, will heißen, daß sich die Aktivspielplätze zunehmend einen Natur- und Tierbereich erschließen und umgekehrt auf fast allen Jugendfarmen auch der klassische Hüttenbaubereich zu finden ist. Für alle diejenigen, die so einen Platz noch nicht gesehen haben und die sich ihn nur schwer oder gar nicht vorstellen können, sei hier ein Idealtypus kurz beschrieben.

Man stelle sich – in unmittelbarer Erreichbarkeit der Wohnbebauung – ein etwa einen Hektar großes Gelände vor, das größere freie Flächen, Verwinkelungen, kleine Hügel und Nischen sowie Bäume und Buschwerk bietet. Neben einem ausreichend großen Platz zum Bauen von Hütten und Buden gibt es hier eine Feuerstelle, einen kleinen Teich, der dazu geeignet ist, daß Kinder darin spielen können, und ein Stück Garten, in dem Kinder unter Anleitung selber Gemüse und Blumen anbauen können.

Darüber hinaus stehen Gebäude zur Verfügung, die als Aufenthalts- und Spielräume dienen, Werkstätten beherbergen für das Arbeiten mit Ton, Holz und Metall, aber auch Unterstände und Stallungen für verschiedene Tiere. So gibt es zum Beispiel Esel, Ponys und Pferde, die erfahrungsgemäß vor allem für Mädchen eine große Attraktivität besitzen. Die Tiere werden gemeinsam von den Kindern gepflegt, gefüttert und die Ponys und Esel werden natürlich auch geritten. Mit den Schafen können Kinder spazierengehen; die Wolle wird einmal im Jahr geschoren und dann versponnen, verstrickt oder gefilzt. Auch Ziegen finden sich dort, die nicht nur wegen ihrer Gelehrigkeit und Eigenwilligkeit eine besondere Herausforderung sind, sondern deren Milch auch gemeinsam mit Kindern gemolken und dann zu Käse oder Joghurt verarbeitet werden kann. Auch kleinere Tiere haben hier durchaus ihren Platz, so daß zum Beispiel die Herkunft der Eier durch die Haltung von Geflügel von

Kindern unmittelbar erfahren wird. Über die gemeinsame Pflege und Versorgung von Hasen, Meerschweinchen und all der anderen Tiere können Verantwortungsgefühl und echte Beziehungen bei den Kindern wachsen.

Fast zwangsläufig und doch ungezwungen und unverkrampft erleben Kinder durch die Tiere auch den großen Kreislauf von Geburt und Tod. Sie können durch den unmittelbaren Umgang mit den Tieren andere Beziehungsqualitäten entfalten als die heute so weit verbreiteten, die die Tiere allein auf ihren Nutzungsaspekt als Nahrungsmittellieferant und Materialproduzent reduzieren.

In der Werkstatt setzen Kinder eigene Ideen um und eignen sich dadurch verschiedenste Techniken der Verarbeitung von Holz, Ton, Metall, Wolle oder Leder an. Es geht hier nicht wie in einer Schulwerkstunde zu, in der alle Kinder in einem zeitlich festgesetzten Rahmen alle das Gleiche tun. Grenzen der Materialien und der eigenen Fähigkeiten werden erfahren und Stück für Stück erweitert unter Anleitung durch erwachsene Betreuer oder ältere Jugendliche. Brot- oder Pizzabacken im eigenen Holzbackofen, gemeinsames Spielen und Herumtoben, aktiver Naturschutz durch das Bauen von Nistkästen oder das Anlegen eines Biotops, Konflikte austragen und beilegen und vieles andere mehr runden das Bild und die vielgestaltigen Möglichkeiten eines solchen Platzes ab.

Utopische Kinderparadiesphantasien? Sicher, und doch wieder nicht, denn es gibt diese Plätze, und wenn sie vielleicht auch nicht immer alle diese Möglichkeiten bieten, so erschließen sie doch den Kindern einiges davon. Natürlich erscheinen sie in den Augen der Erwachsenen zunächst oft als Plätze der „Unordnung“ oder gar des „Chaos“, weil sie eben nicht in der sonst gewohnten Weise gestylt, begradigt und vom Reißbrett herunter gebaut sind und damit nicht ins DIN-geschärfte Auge passen. Aber gerade die Tatsache, daß hier nicht alles fertig und für die Ewigkeit errichtet ist, daß hier Improvisation und Veränderbarkeit möglich und erwünscht sind, macht in hohem Maße den Wert solcher Plätze aus.

In zunehmender Anzahl haben auch Städte und Kommunen realisiert, daß es nicht nur darum geht, sich von der Stadtplanung und -gestaltung her wieder um kinderfreundlichere Bedingungen zu bemühen, sondern auch darum, durch die Förderung oder den Betrieb derartiger Einrichtungen in städtischer Regie dazu ein Beitrag zu leisten ist.

Vor allem im Süden der Bundesrepublik herrscht jedoch die Freie Trägerschaft dieser Plätze vor, wie sie Eltern-, Stadtteil- und Bürgerinitiativen darstellen. Die große Stärke einer solchen Organisationsform besteht in der Möglichkeit, daß mehr Gestaltungsraum und Mitverantwortung, Einflußnahme und konkretes Engagement der Eltern und des Gemeinwesens dadurch erreicht werden kann.

Die besondere Attraktivität solcher Plätze für Kinder macht ihre erlebnis- und abenteuerpädagogische Orientierung aus, der die Prinzipien der Offenheit (Freiwilligkeit des Besuchs, Kostenfreiheit der Nutzung, keine Ausgrenzung von bestimmten Kinder- oder Jugendlichengruppen etc.) zugrunde liegen. Ihre Angebote und Möglichkeiten für Kinder orientieren sich in fast allem an den hier beschriebenen Themen und Bedürfnissen der Kinder in der mittleren Kindheit. So ist die Zielgruppe der Jugendfarmen und Aktivspielplätze denn auch die Altersgruppe der Schulkinder, angefangen mit den Sechs- bis Siebenjährigen bis hinauf ins Jugendlichenalter.

Schlußwort

Kinder und Eltern sehen sich heute in ihrem gemeinsamen Alltag vor veränderte Bedingungen mit wachsenden Anforderungen gestellt. Dadurch ist nicht nur das Eltern-Sein schwieriger geworden, sondern auch das Kind-Sein.

Kind-Sein ist deshalb schwieriger geworden, weil die Welt für Kinder in wachsendem Maße komplexer wird, weil die Manipulationen, die auf Kinder wirken, massiver und gleichzeitig auch subtiler werden, weil die Räume und ursprünglichen Erfahrungsfelder, die ihnen zur Verfügung stehen, ärmer werden. Die dadurch an sie gestellten Anforderungen werden größer und die Orientierung in dieser Welt für sie schwieriger.

Eltern-Sein ist schwieriger geworden, weil der Rückgriff auf die eigene Kindheit allein als Erziehungsleitbild nicht ausreicht. Das Schutzbedürfnis unserer Kinder ist gewachsen, gleichzeitig wachsen sie aber in eine Welt mit völlig neuen, komplexeren Aufgaben hinein, an die es sie heranzuführen gilt. Nicht zuletzt trägt auch die schwindende Kraft früher stark orientierunggebender gesellschaftlicher Institutionen zu einer Verunsicherung bei, der es im Rahmen des Eltern-Seins etwas entgegenzusetzen gilt.

Kindheit muß nicht zwangsläufig auf diesem Hintergrund im Verschwinden begriffen sein, sondern wird es nur in dem Maße sein, indem wir es zulassen. Es nicht zuzulassen, bedeutet letztlich, sich der Bedürfnisse von Kindern anzunehmen, ihre Themen aufzugreifen und dafür Sorge zu tragen, daß ihre Lebensrealitäten diesen Themen gerecht werden können. Kinder brauchen das Abenteuer, das richtige Abenteuer, indem ihnen durch entsprechende Spiel-, Frei-, Erlebnis- und Erfahrungsräume ein intensives Sich-selbst-Erleben ermöglicht wird. Daran kann und wird ihr Selbstbewußtsein, ihr Selbstvertrauen und ihr Selbstwertgefühl wachsen können. Dies wiederum ist die Grundvoraussetzung für die Fähigkeit, aus einer latenten und letztlich destruktiven Selbstbezogenheit herauszufinden und Beziehungen mit anderen Menschen in lebendiger und erfüllender Weise einzugehen. Die hier formulierten Gedanken und Anstöße sollen dazu ein Beitrag sein.

Literatur

Ariès, Philippe: Geschichte der Kindheit. dtv, München 1978

Bauer Hans: Erlebnis- und Abenteuerpädagogik. Hampp, Mering 1987

Beckstein, Cornelia/Schäfer, Marion: Wasser, Erde, Feuer, Luft. 1991. Hrsg. von Spiellandschaft Stadt e. V., Albrechtstr. 38, 80636 München

Bedacht, Andreas, u. a.: Erlebnispädagogik – Mode, Methode oder mehr? Sandmann, München 1992

Eckert, Jörn: Wenn Kinder Schaden anrichten. Beck/dtv, München 1990

Feder, Jan: Die schönsten Kinderspiele im Freien. Droemer, München 1982

Fischer, Dieter (Hrsg.): (Er-)Leben statt reden. Erlebnispädagogik in der Offenen Jugendarbeit. Juventa, Weinheim 1991

Fromm, Erich: Haben oder Sein. Deutsche Verlagsanstalt, Stuttgart 1976

Kalka, M./Kostka, Ch./Lang, Th./Lange, H.-J./Rech, L./Schröder, A.: Jugendfarmen und Aktivspielplätze. 1990. Hrsg. vom Bund der Jugendfarmen und Aktivspielplätze e. V., Haldenwies 14, 70567 Stuttgart

Köhler, Hening: Jugend im Zwiespalt. Freies Geistesleben, Stuttgart 1990

Kuhn, Karl/Probst, Wilfried/Schilke, Karl: Biologie im Freien. Metzler, Stuttgart 1986

Loewenfeld, Marion/Winterer-Scheid, Elke: Umwelt aktiv erleben. Ökoaktionen für Kinder und Jugendliche. 1989. Hrsg. von MobilSpiel, Rupprechtstr. 25-27, 80636 München

Mause, Lloyd de (Hrsg.): Hört ihr die Kinder weinen? Eine psychogenetische Geschichte der Kindheit. Suhrkamp, Frankfurt/M. 1980

Mönkemeyer, Karin: Reihe „Mit Kindern leben“: Frühling; Sommer; Herbst; Winter. Rowohlt, Reinbek 1991

Müller-Wiedemann, Hans: Mitte der Kindheit. Freies Geistesleben, Stuttgart 1973

„Offene Spielräume“. Eine Zeitschrift für die offene Arbeit mit Kindern und Jugendlichen. Hrsg. vom Bund der Jugendfarmen und Aktivspielplätze e. V., Haldenweg 14, 70567 Stuttgart

Patzlaff, Rainer: Medienmagie und die Herrschaft über die Sinne. Freies Geistesleben, Stuttgart 1988

Postman, Neil: Das Verschwinden der Kindheit. Fischer, Frankfurt/M. 1987

Postman, Neil: Wir amüsieren uns zu Tode. Fischer, Frankfurt/M. 1985

Reiners, Anette: „Praktische Erlebnispädagogik“; zu beziehen über: Fachhochschulschriften Prof. Dr. Jürgen Sandemann

Steinbach, Gunter: Reihe „Wir tun was…“: für kleine Säugetiere; für die Igel; für Greifvögel und Eulen; für unsere Singvögel; für naturnahe Gewässer; für naturnahe Wälder. Franckh-Kosmos, Stuttgart

Steinbach, Gunter: Werkbuch Naturschutz. Franckh, Stuttgart 1988

Stone, L. Joseph/Church, Joseph: Kindheit und Jugend. Bd. 2. Thieme, Stuttgart 1978

Winn, Maria: Kinder ohne Kindheit. Rowohlt, Reinbek 1984

Zeitliche Beanspruchung von Schülern, Untersuchung des Zeitaufwands für die Schule. Hrsg. vom Landesinstitut für Erziehung und Unterricht Stuttgart, Rotebühlstr. 133, 70197 Stuttgart

Zeitschrift für Erlebnispädagogik. Neubauer, Lüneburg

Ziehe, Thomas/Stubenrauch, Herbert: Plädoyer für ein ungewöhnliches Lernen. Rowohlt, Reinbek 1982